NOUVEAU

Ouiiii, ça y est, JB vous savez, le journal...
Eh bien, il a son site maintenant. Son site
internet ! Foncez vite sur :
www.okapi-jebouquine.com

VOTRE AVIS ***

Dites-nous TOUT sur les livres, les films,
les CD, les jeux que vous avez adorés
ou détestés. Donnez-nous votre avis
sur le prochain débat, sur votre bonne
ou mauvaise humeur...
Écrivez à : Je Bouquine, 3 rue Bayard
75008 Paris, ou par email à :
jebouquine@bayard-presse.com
ou par le site internet

Pour vous abonner :

Bayard Presse Contact : 0825 825 830
(0,15 €/min) ou 33 1 44 21 60 00 (de l'étranger).
Notre site internet : **www.bayardweb.com**
ou notre offre découverte **page 130**.

Il existe une version de *Je Bouquine* en braille.
Pour tout renseignement, s'adresser à : **ONA,**
avenue Dailly 90-92, 1030 Bruxelles (Belgique).

> Léo & Léa
La vipère s'adoucit...

Au fait Léa, et BING que devient-il ?

Il vit au QG, c'est notre mascotte ! Il est trop, ce chat...

S'lut m'man !

Tu as l'air de bonne humeur en ce moment, mon Léo !

Lily, le retour ! T'as vu l'effet que ça lui fait ?!

Jalouse ! BZZZZ...

Eh, la mouche ! Fais gaffe de ne pas te faire manger par Lily...

... Elle est du genre plante exotique, ascendant carnivore.

T'inquiète sœurette. Le prince Léo a mis son armure cette fois.

Zut ! le cours d'anglais...

4

urquoi Alicia est-elle si gentille avec Léa ?

Ou bien Léo l'a hypnotisé avec son pendule ?

C'est quand même zarbi le comportement d'Alicia avec moi. Elle est trop sympa, ça cache quelque chose...

Elle est peut-être clonée ???

Je veux en avoir le cœur net...

Hum, salut !

Elle est souffrante en ce moment votre copine ?

Pourquoi tu dis ça ?

Trop de douceur de la part d'une vipère, c'est pas normal !

Hey ! Léa, tu viens à la biblio avec moi ?

?

Parce que tu sais lire toi, Oscar ?

J'adore ton humour, baby !

C'était pas de l'humour coco !

[à suivre]

Le magazine des collégiens, pour une progression facile en anglai

L'anglais des collégiens

I LOVE ENGLISH

Report

A boy from California

ANGLAIS PRATIQUE

Grammaire, idioms, jeux ...

Look

The Oxford and Cambridge Boat Race

People

Beyoncé
The new queen of R'n'B

N°116
March 2004

Bayard
JEUNESSE

recommandé par

Okapi

Niveau 5ᵉ, 4ᵉ,

En mars, chez ton marchand de journaux

Jusqu'à l'aube

de Franck Pavloff
illustré par Bruno Pilorget

Elle est mal avec tout le monde, et plus encore avec elle-même...

Pour Antonin

Chapitre 1

Ils rient
dans la salle à manger d'à côté, et le cœur
de Mina se serre à lui faire mal. Elle sait exactement où ils
sont installés. Elle ferme les yeux pour les deviner comme
sur un écran de cinéma. Son père, assis à la grande table, dos

courbé et crayon à la main, sa mère qui rit sous sa masse de cheveux noirs, cou tendu vers la lumière tamisée du lustre, et Nito, son petit frère, affalé sur le canapé-lit, tête et pieds calés sur les accoudoirs.

Mina se tourne, se retourne, heurte du coude l'étagère qui surplombe son divan trop court, grimace sous la décharge électrique.

Marre, marre ! Combien de fois s'est-elle cognée à cette maudite planche près de vomir ses bouquins et ses CD, combien de fois ?

Elle essaie de gommer les rires derrière la cloison, fait défiler dans sa tête des images souvenirs, yeux mi-clos, traits inquiets épinglés au visage.

À quel âge a-t-elle occupé cette chambre trop petite où ce soir elle n'arrive pas à trouver le sommeil ? Douze ans ? Non treize, quand sa mère a décrété qu'elle n'avait plus l'âge de partager la chambre de papa-maman.

Elle tire sur son tee-shirt de nuit qui bouchonne à sa taille. Tout l'énerve, l'inquiétude rôde dans son corps, l'oppresse.

Elle revoit la pièce-débarras qui servait au repassage et que deux coups de peintures – les mêmes encore aujourd'hui, jaune pâle et vert amande – avaient transformée en chambre d'adolescente. Le divan blotti sous l'étagère instable, l'armoire à une porte, le bureau pliable. Rien que du minuscule, mais c'était à elle, rien qu'à elle. À l'époque, un royaume qui lui suffisait.

Les choses ont changé, elle a grandi, est entrée au lycée. À seize ans passés elle se sent aussi à l'aise dans ces murs qu'un coucou coincé dans un nid de chardonnerets.

Elle respire
à petits coups comme on le lui a appris aux répet's de théâtre pour chasser le trac, redit pour la dixième fois la phrase que serinent ses parents et qui devrait la rendre heureuse : "t'en fais pas, bientôt tu déménages, t'auras une vraie chambre à toi, patience !". Mais la magie n'opère pas, une petite bête insidieuse fait ses griffes quelque part au creux de son estomac.

Dans la pièce voisine les rires reprennent. Leur bonheur s'étale goulûment. Dernière semaine avant le déménagement, la grande affaire de la famille. Nul ne peut l'ignorer, ils déménagent ! Dans quinze jours ils quittent le vieil appartement du métro Château-Rouge et s'installent dans un petit pavillon de Montreuil, niché au fond de l'impasse du Midi. Qu'on se le dise ! Une villa, le rêve de ses parents. Les enfants, eux, n'ont qu'à suivre.

"La villa", comme ils l'appellent pompeusement, plantée dans un bout de jardin avec juste la place d'un cerisier bavant sa gomme, une tonnelle en fer tenue par un rosier grimpant, un banc adossé au mur grignoté de lierre sombre, mais dotée d'un vaste rez-de-chaussée, et surtout, à l'étage, de trois chambres spacieuses.

Ils vont déménager et ne voient pas plus loin que le bout de leur nez. Ils éclatent de bonheur, c'est tout.

Décalage total pour Mina. Elle n'est pas heureuse, pas plus ce soir que les jours d'avant.

Qu'est-ce qu'elle en a à faire d'une nouvelle maison, la ouate familiale l'étouffe. Son regard grimpe aux murs, pousse les fenêtres, cherche de l'air, d'autres espaces.

Sa vie est de plus en plus au-dehors, ailleurs, et ses parents ne l'ont pas compris. Ils le lui ont déjà volé, l'"ailleurs" de ses seize ans, sans lui demander son avis.

À cause de leur satané déménagement et pour qu'elle n'ait pas à changer d'établissement en cours d'année, ils l'ont obligée en septembre à s'inscrire au lycée Descartes de Montreuil. Du jour au lendemain elle a dû laisser ses copains de Château-Rouge. "Obligée", oui. Elle ressasse ce mot, *obligée* de laisser son quartier en échange d'une nouvelle baraque à l'autre bout du monde, *obligée* de laisser le square des Poissonniers où elle retrouvait ses amis.

Il n'y a que des parents pour penser qu'on est gagnant à ce jeu-là.

Pour Nito, ce n'est pas pareil, c'est encore un gros bébé.

La petite bête têtue trotte toujours dans la poitrine de Mina. Elle se lève, se glisse contre son bureau, se place face au miroir du mur, yeux bien droits dans les yeux marron grands ouverts que lui renvoie la glace ovale. Une bouche grande, trop gonflée – parfois elle met du rouge grenat, vite effarée par cette blessure indécente qui tranche son long visage. Elle se rapproche de son image, traque la moindre rougeur, s'inquiète de son nez, le trouve de plus en plus rond, son père aurait pu éviter de lui refiler son profil.

Par contre sa nouvelle coupe de cheveux lui plaît, au carré, avec toute l'épaisseur des cheveux noirs de sa mère.

Un verre d'eau l'aiderait à s'endormir. Mais traverser le salon, les voir penchés pour la centième fois sur les photos de "la villa", à gribouiller le plan des pièces, aménager la cuisine, le séjour, jouer au Lego, c'est trop pour ce soir.

Est-ce qu'ils se sont inquiétés

une seule fois de savoir ce qu'il y avait autour de cette villa de malheur, au lieu de se préparer à s'enterrer comme des taupes dans les cent cinquante mètres carrés dont ils sont si fiers, au fond de l'impasse du Midi ? S'ils en veulent, des mètres carrés, ils n'ont qu'à sortir, il y en a tant qu'on veut, des mille et des cents, des hectares, un monde entier qu'ils ne se sont pas donné la peine d'explorer et où ils l'ont précipitée sans mode d'emploi.

Deux mois qu'elle est entrée au lycée Descartes, en exil dans des bâtiments gris traversés de couloirs sans âme où elle s'égare.

Parfois elle pleure dans le métro du retour. Quand elle arrive à la nuit tombée à Château-Rouge, elle a beau jeter par habitude un coup d'œil circulaire vers le square, elle sait bien que Thomas ne sera plus là pour l'attendre.

Les premières semaines elle le repérait tout de suite du côté de la rue Myrha, négligemment assis sur son trial, tirant sur une cigarette, beau comme un dieu de Barbès.

Puis il a prétexté des révisions urgentes. Il doit continuer sa vie de lycéen avec ses copains, il y a, paraît-il, de sacrées nanas cette année dans la classe. Elle n'a rien à dire, c'est elle qui est partie, qui a quitté le quartier, qui a rompu le pacte d'amitié avec ses amis d'enfance.

Elle se recroqueville, genoux contre menton, comme quand elle était petite, tire le drap jusqu'à ses oreilles, glisse ses deux mains jointes entre ses cuisses, et s'endort dans une nuit noire peuplée de bêtes aux dents pointues.

– **H**é, pousse-toi un peu, tu vois bien qu'on est quatre !

– Laisse-la, si elle veut être seule.

– Tu parles, elle a la trouille de payer les consos, la Parigote !

– Fiche-lui la paix ! crie un autre garçon de la bande.

– Ça va, tu veux la draguer ?

Mina hausse les épaules, s'arrache de la banquette convoitée, va s'asseoir avec sa sacoche et son jus de fruit

dans le coin du flipper ; là au moins le boucan couvrira leurs sarcasmes.

Pour la première fois depuis qu'elle est à Descartes, elle a décidé de traîner dans Montreuil avant de rentrer chez elle, à Château-Rouge. Portée par la mêlée des lycéens, elle s'est retrouvée au Chanteclair, un café branché techno où il faut hurler pour s'entendre.

Elle n'a pas l'habitude des bars et ne sait pas trop quelle attitude prendre. Les trois gars et la fille de la banquette la regardent en ricanant. Elle baisse la tête, rattrape de

justesse son verre que sa main maladroite a fait valser.

Elle ose de moins en moins bouger, soudée à sa chaise pour mieux se faire oublier.

Les minutes, les quarts d'heure passent. La bête aux dents pointues s'est remise à pédaler dans sa poitrine.

À un moment de la soirée, deux filles de sa classe viennent lui faire la bise. Il faudrait peu de chose pour les retenir, l'amorce d'une lumière sur son visage, une blague sur un prof, un rire, mais son corps se bloque. Elle sait qu'on la ridiculise avec des surnoms, baptême du feu pour les nouvelles, "Minou minette" ou "la Parigote". Plusieurs gars de terminale qui se la jouent gros bras lui ont demandé l'autre jour pourquoi elle avait quitté les "trottoirs de Pigalle". Elle n'a pas trouvé la repartie qui aurait mis les rieurs de son côté.

Pourtant, à Château-Rouge, elle était connue pour ne pas avoir sa langue dans sa poche, une fille super active qui proposait ciné, virée, plan pour les soirées. Elle avait fait un tabac au théâtre, et séduit Thomas. Du passé, que du passé.

Prisonnière de ses pensées elle s'isole, ignore le chahut du bar. Le groupe de la banquette se lève, sort. Le gars qui avait pris sa défense, un costaud, la tête ceinte d'un bandana, fait un pas vers sa table, tente une approche, mais dans son brouillard Mina ne le voit pas, ne veut pas le voir. Qu'on lui fiche la paix, qu'on l'oublie, qu'ils crèvent dans leur Montreuil pourri dont ils se croient les rois, alors qu'ils ne sont que les valets d'une banlieue nulle.

C'est vendredi soir, les places sont rares, elle est obligée à nouveau de changer de table, de se tasser dans l'angle des toilettes, bousculée par les battements de la porte western. Elle n'a pas la force de s'en aller, de briser la spirale de la déprime, elle s'incruste dans un lieu où tout lui dit qu'elle n'a pas sa place, comme quand on appuie bêtement sur une dent enflammée pour s'assurer que la douleur est bien là.

Au lieu de faire face à sa nouvelle vie, elle s'accroche à des images d'avant, petite naufragée fascinée par le paquebot qui coule, alors qu'autour d'elle flottent des planches de salut.

Un type avec un casque de moto là-bas au bar, cheveux dans le cou et veste de cuir. Thomas ?

Ses mains s'agrippent au rebord de table, sa respiration s'arrête. Le motard se retourne, il a une moustache et au moins trente ans. Qu'est-ce qu'elle croit, que pour elle Thomas se risquerait en territoire inconnu ? Prince charmant et tout le tralala ?

– Non, non, j'veux rien, merci.

– S'agit pas de dire merci, s'agit de commander ! Alors ?

– Ça va, je pars !

– C'est ça, deux heures que t'es là, c'est pas le foyer du bahut ici.

Mina s'en fiche de l'avis du garçon, elle va finir par le savoir qu'elle est de trop.

Elle se fraie un passage dans la foule comme on écarte du coude une haie d'épineux, récolte une ou deux engueulades, quelques mots de drague.

Indifférente, elle est déjà dehors dans la nuit de début décembre, hébétée, chassée du ring où elle refuse le combat.

*Où aller
quand on se sent mal
partout ?*

Chapitre 2

Elle fait
quelques mètres, revient sur ses pas, rajuste
sa sacoche, traverse le carrefour en aveugle.

Une voiture la frôle en faisant miauler son klaxon. Elle
gagne un abribus, s'adosse au panneau de pub où un couple

s'enlace dans la mer bleu lagon d'un club de vacances tropical. Ses tropiques à elle, ce sont, sur sa gauche, le lycée désert qui plombe de gris la plage de macadam, en face, les néons criards de la vitrine du Chanteclair où s'agitent des silhouettes d'indigènes, et sur sa droite l'avenue du Président Wilson, chef de tribu à qui est dédiée le boulevard bordé de cocotiers.

Et, plantée au milieu, Mina la minable comme elle l'a entendu dire plus d'une fois, Mina qui ne sait plus si elle envie ce couple tropical (même si c'étaient les bras de Thomas qui la serraient), ou si elle souhaite que le sol s'ouvre sous ses pieds et l'engloutisse dans les profondeurs de l'oubli.

Une voiture ralentit, des têtes floues la dévisagent, il ne faut pas qu'elle reste là.

Elle affronte la nuit de Montreuil avec les seules armes de ses seize ans et la certitude que ce soir ça va passer ou casser.

Pourquoi, comment, elle ne saurait le dire exactement. Ce qui est certain, c'est qu'elle ne rentrera pas à Château-Rouge.

La suite appartient au hasard, au destin, à la chance aussi, car dans les nuits que l'on croit désertes il y a toujours des prédateurs qui guettent les âmes égarées.

La ligne droite de l'avenue du Président Wilson lui ouvre la voie royale de sa fugue nocturne.

La nouvelle situation s'organise dans sa tête, naturellement. C'est elle seule qui décide, un pied en avant, puis l'autre. Personne ne lui dicte ce qu'elle a à faire.

L'autre jour, à la radio, une navigatrice en solitaire parlait depuis les trente-huitièmes rugissants du bout du monde, là où les monocoques chevauchent les vagues glacées de l'océan.

Elle disait l'euphorie que lui procuraient la peur du risque et la liberté, un mélange explosif qui tire en avant les intrépides et leur coupe l'envie de se retourner.

Mina ne se retourne pas.

Les yeux fixés sur deux lampadaires qui au loin délimitent un rectangle de lumière crue sur le trottoir, elle avance d'une démarche feutrée, à l'aise dans ses chaussures de cuir rouge et ses jeans noirs serrés, qui lui donnent une silhouette de femme. De femme à la taille souple, fragile, attirante.

C'est
une station-service violemment éclairée, l'aubaine des noctambules.

Avant de passer sous le double spot blanchâtre, elle marque un arrêt, observe les deux voitures qui font le plein. On paye par avance à la caisse de verre où est barricadé le pompiste, qui peut aussi passer par un guichet anti-hold-up tout ce qu'on veut acheter comme boissons.

Elle se fond sous un porche, observe le ballet des silhouettes qui s'activent sous les projecteurs.

Soudain des éclats de voix d'une violence inouïe la font sursauter. Pour mieux entendre, elle disparaît dans l'encoignure de la porte la plus proche.

– Tu me les donnes, ces bières ! hurle un grand maigre,

la tête enfouie dans la capuche de son survêt.

– On a du fric, on te les payera ! gesticule son pote à casquette.

La réponse semble provenir d'une machine synthétique. C'est le micro du pompiste qui grésille par le haut-parleur greffé sur la vitre blindée de sa cabine.

– Je vous ai dit non tout à l'heure, les gars, ça n'a pas changé, pas d'alcool après vingt-trois heures.

– Mais ailleurs tout est fermé ! vocifère l'encagoulé d'une voix tranchante qui donne des frissons à Mina.

– Déconnez pas, vous êtes filmés, cassez-vous ou j'appelle les flics.

– Pauvre naze, lance le gars à la casquette en même temps qu'il donne un violent coup de poing contre la vitre.

En deux enjambées ils rejoignent leur voiture rouge où une femme les attend, assise à l'arrière.

Une violence palpable envahit les abords de la station, se répand comme un gaz toxique. Mina a du mal à respirer, elle n'est pas habituée aux insultes, aux menaces qui cherchent à blesser. À tuer, pense-t-elle dans un éclair.

La voiture rouge amorce une rapide marche arrière, repart, tous pneus dehors. Ses pleins phares tressautent, balaient le macadam du boulevard, les murs des immeubles, découpent un ovale aveuglant sur le recoin où s'est réfugiée Mina, s'immobilisent. Comme propulsés par un double ressort, les deux hommes s'éjectent de la voiture et s'approchent, à la toucher.

Elle ne bouge pas, clouée comme un papillon contre le bois de la porte.

– On espionne ?

La gorge de Mina est en carton. Elle reste muette.

L'homme à la voix aiguisée reprend :

– J't'ai parlé, qu'est-ce que tu fiches là ?

– Rien, rien, je… passais, avance Mina dans un souffle.

– C'est ça, dit l'autre, t'allais vider les poubelles et t'as rien vu…

– Non, non, j'ai rien vu, lâche-t-elle.

– Rien vu, rien entendu !

– Oui, non, j'sais pas… j'suis pas d'ici…

– T'es pas d'ici ? Tiens tiens, intéressant, roulée comme t'es c'est dangereux la nuit. On va t'accompagner, hein ?

– Laisse tomber, Loïs, tu vois pas qu'elle est morte de trouille, la gamine ?

La femme de la banquette arrière vient de s'interposer. Elle s'appuie à la portière, gainée de noir, tendue, explosive. Une voix qui commande.

Le Loïs en question fait un pas de côté. La femme s'approche lentement, prend son temps pour allumer une cigarette. La lumière dévoile un visage très pâle rehaussé de lèvres violemment mauves. Une boule monte et descend dans la gorge de Mina, les secours ne viendront pas de cette femme.

Une bouffée de fumée blonde, soufflée avec lenteur, l'enveloppe. La femme tire à nouveau sur sa cigarette, elle est là, si proche que Mina distingue le grain de sa peau sous le maquillage. Doucement, très doucement, la femme avance sa main, comme quand on va saisir un chaton craintif par le cou.

– N'aie pas peur, petite, il ne mord pas notre Loïs.

Sa voix a changé de registre, douce, envoûtante.

– C'est quoi, ton nom ?

– Mina.

– Joli ! Alors, tu n'es pas d'ici ?

"Ne pas répondre", pense à toute vitesse Mina qui sent un danger encore plus grand chez cette femme que chez les deux autres. Ne pas répondre, fuir. Mais ses jambes refusent. Le bois de la porte s'incruste dans son dos.

– Ne crains rien, je suis là.

La main est sur son cou, brûlante.

– Tu es douce, magnifique, une peau de seize, dix-sept ans, je me trompe ?

Les doigts pianotent, remontent derrière son oreille.

Dans un réflexe de survie, Mina repousse la main de l'araignée noire.

Puis tout s'enchaîne à une vitesse fulgurante.

Elle s'arrache de la porte, bouscule la femme qui l'insulte. L'homme à la capuche tente de lui saisir le bras. En vain. Des cris. Au lieu de courir vers la station-service Mina part dans l'autre sens. Les portières claquent. Elle court avec la mort sur ses talons, naufragée prise dans les vagues des trente-huitièmes rugissants.

La sirène d'une voiture de police – le pompiste a dû donner l'alerte. Le hurlement du moteur de la voiture rouge comme un Concorde en perdition. Une ruelle entre deux immeubles, elle plonge dans le noir des vagues de

pavés lisses. Une dernière insulte dans son dos, la sirène se rapproche.

Elle court, elle court, un tambour douloureux dans les oreilles – c'est son cœur qui bat. Elle trébuche sur les pavés, roule au sol, coudes en avant. Elle se relève, ça va, se laisse lentement glisser contre un muret, s'assied.

La sirène s'est tue. Merveilleux silence.

Mina rit doucement mais ses joues sont mouillées. Tout son corps tremble. Respirer, respirer, imaginer son diaphragme qui fait son boulot de muscle à respirer, comme le lui a appris son prof de théâtre.

Calme, calme.

Elle sursaute, elle s'est endormie quelques minutes. Les coudes lui brûlent et elle s'est éraflé la paume de la main droite. Autour d'elle, le silence. Y a-t-il jamais eu une jeune fille seule sur l'avenue du Président Wilson ?

L'air a repris sa place dans ses poumons, mais à nouveau l'angoisse rôde dans son ventre. On dirait que son corps a horreur du vide, qu'il a besoin d'être rempli.

Qu'est-ce qu'elle connaît vraiment de son corps, comment il fonctionne ?

Qu'est-ce qu'il se passe en elle en ce moment ? Quelle force la pousse à rôder dans la nuit de Montreuil alors que ses parents l'attendent ? Quand il lui arrive de passer la nuit chez une copine, elle prévient. Là, rien. Ils doivent commencer à s'inquiéter sérieusement. Est-ce bien ça qu'elle veut, les inquiéter ?

Non, simplement trouver sa place. Ce n'est pas elle qui a choisi de déménager, ils auraient dû y penser avant. Ils voulaient Montreuil ? Eh bien, elle y est, chez eux, les deux pieds dedans, même. Qu'ils ne viennent pas le lui reprocher.

Quand elle se met en colère, ça va mieux, elle se sent plus forte, la colère, ça occupe l'intérieur, c'est une bonne nourriture. Il lui en reste encore à revendre de la colère, elle coule même en mots crus de sa bouche, pour mettre un nom sur le dégoût qui la submerge quand elle repense à la femme-araignée.

"La garce !", lance-t-elle entre ses dents. Le gars à la casquette, après tout, c'était un mec. Elle connaît leurs regards, leurs manières. Mais cette femme sirupeuse… "Sale garce", dit-elle encore. Elle crache dans un mouchoir sorti de sa sacoche et essuie l'endroit de son cou où l'autre a posé sa main. Il y a des caresses plus assassines que des coups.

Elle frissonne de froid, on a beau annoncer Noël au balcon, on est tout de même en hiver.

Ses yeux se sont habitués à l'obscurité, elle distingue la découpe de petites fenêtres qui percent le mur d'en face. Une seule est éclairée, au dernier étage. Une silhouette s'y déplace, estompée par le rideau, se baisse, se relève. Ce doit être une salle de bains ou les toilettes. Puis la lumière s'éteint.

Sa mère aussi, quand son livre lui tombe des mains dans le lit, se lève une dernière fois avant de s'endormir. Dans une famille on connaît toutes les petites manies des uns et des autres, on est entre soi, chez soi.

Elle a une soudaine bouffée de tendresse pour sa mère. Elle aimerait être entre ses bras, qu'elle lui parle à l'oreille, qu'elle trouve les mots qui apaisent, comme quand elle était petite. L'odeur de sa mère lui revient en mémoire, elle n'a jamais changé de parfum, une brise légère, fleurie, "Knyx" ou "Dnyx", un nom tout en mystère.

Elle a la nostalgie de la lumière sécurisante du phare dans son dos, et choisit pourtant la tempête du bout du monde. Une petite musique dans sa tête lui dit que c'en est fini de son adolescence, que c'en est fini des chambres refuges. Elle sortira de la nuit de Montreuil, grandie ou brisée, mais différente.

Au loin sonnent les douze coups de minuit. L'horloge du lycée ou celle d'une usine – il reste quelques unités de production mécanique du côté de Bagnolet. Elle se lève, grimace comme si on l'avait rouée de coups, d'un mouvement d'épaule ajuste sa sacoche, et poursuit son chemin au milieu de la ruelle sinueuse.

*La colère
aide à vaincre la peur
et les regrets...*

Chapitre 3

Elle évite
le coin du cimetière, qu'elle connaît bien
pour le longer avec le bus scolaire, tous les mardis matins,
quand le prof de gym les emmène au stade municipal.

Dans sa classe il y a des fêlés qui se refilent les tuyaux

pour y entrer en douce la nuit, écouter du hard-rock à la lueur de bougies noires posées sur les pierres tombales. Grand bien leur fasse.

La mort, elle ne la craint pas vraiment, c'est pour les vieux. Elle sait bien qu'il y a des jeunes qui ont des accidents – un terminale s'est tué en moto le mois dernier – , mais l'accident ce n'est pas la vraie mort, c'est une erreur de parcours.

Son père parle encore du décès de son propre père avec des larmes aux yeux. Il laisse entendre que "sa fin a été douloureuse", mais il n'en dit pas plus, comme si sa mort avait été l'issue d'une maladie honteuse, ou que d'en parler à voix haute attirerait les esprits mauvais sur la famille.

Ça a été un peu la même chose quand, à la maison, elle a essayé de parler de la pilule. La discussion a été expédiée en trois quatre mots techniques, puis on est passé à autre chose, là aussi comme si d'en parler ouvrait la porte à ce qui dérange. Des fois que Mina leur demande de la prendre, cette pilule, c'est-à-dire qu'elle dise bien haut qu'elle voudrait faire l'amour.

Elle sourit tout en marchant. Ce n'est pas le cas : pour faire l'amour il faut aimer assez fort, pas l'amour comme Thomas qui ne sait pas l'attendre.

Elle va au hasard des rues dont elle découvre les noms pour les oublier aussitôt, Danton, Rosny, Saint-Just. Jamais elle n'avait fait ainsi le rapprochement entre la mort et l'amour, comme si la solitude de la nuit permettait aux pensées de s'étirer, d'apparaître sous un autre angle.

Dans l'appartement de Château-Rouge les cloisons sont en papier, il y a tout le temps du bruit, des paroles, de la musique, la télé. C'est ce qui lui fait détester sa chambre, caisse de résonance qui mange ses pensées secrètes.

S'il y a du bon dans le déménagement, c'est que chacun aura son espace intime.

Son visage s'est détendu. Elle longe une série de pavillons, elle serait curieuse de retrouver l'impasse du Midi pour jeter un coup d'œil à leur future villa, mais chaque fois qu'elle y est allée, c'était guidée par ses parents.

Elle se retourne à nouveau. Par deux fois elle a eu l'impression d'être suivie. Désagréable sensation que des pas feutrés sont dans ses pas, qu'un autre souffle que le sien capte l'air qu'elle respire.

Une heure sonne au loin. Elle a toujours entendu dire que c'est de la folie de se balader seule en banlieue, la nuit. Chez elle ce n'est pas pareil, elle connaît Barbès-Rochechouart comme sa poche.

Bien sûr elle n'ignore rien des trafics, drogue et sexe, qui se trament du côté de Pigalle ou de la porte de la Chapelle, mais le 18e, c'est son village. En cas de pépin la bande du square aurait vite fait de l'aider. Ici elle ne connaît personne, elle n'est pas arrivée à nouer des amitiés. Dès la fin des cours, elle file prendre le métro. Montreuil n'a pas d'odeur, pas de saveur.

C'est seulement depuis son incursion au *Chanteclair*

que sa perception de la ville a changé, que les boulevards et les rues se sont mis à vivre. La nuit du macadam et des pavés dévoile ses dessous. Même pas très propres, ils sont plus attirants que l'habit gris des façades du lycée Descartes.

Lorsqu'une ombre surgie de nulle part barre la rue de ses deux bras déployés, elle ne sursaute pas. Elle se doutait qu'elle était suivie.

Son seul geste de défense est de faire tourner sa sacoche sur son ventre dans un mouvement instinctif. Cahiers, bouquins, rien de précieux ; sa carte orange et cinq euros sont au fond de la poche de son jean mais c'est de ce côté-là que les agresseurs menacent les filles.

– On guette quoi, minette ?

La voix d'ombre a dû se frotter à des tas de cailloux avant de faire irruption, par le hasard des noms, dans la rue Saint-Antoine où elle marche. Quatre mots jetés comme une pelletée de graviers. Minette, c'est pour Mina, ou là aussi c'est le hasard ?

Elle stoppe net, prise au piège de la rue déserte. Si elle crie, il y aura bien quelqu'un qui va ouvrir sa fenêtre, mais elle se retient.

L'homme de l'ombre porte la force en lui, pas forcément la menace. Il hésite, esquisse quelques pas lourds, "danse de l'ours", pense Mina, puis il éclate d'un rire rauque.

– Moi aussi j'aime bien c't'heure, le danger c'est les clebs, t'en réveilles un, tu les as tous aux fesses.

Il tourne autour d'elle, allant d'un pied sur l'autre, et poursuit :

– Ben dis donc, tu vas pas me dire que tu farfouilles dans les poubelles à ton âge, t'es qu'une gamine et...

– Je me balade, qu'est-ce que vous me voulez ? l'interrompt Mina en essayant de durcir sa voix.

– La nuit, tu te balades ? T'es poète ?

Et il repart d'un large rire qui se termine en une effroyable toux. Il se tourne, se plie en deux, crache dans le caniveau.

– S'cuse, saloperie de poumons, c'est la forge là-dedans. Puis ce que tu farfouilles m'est égal, j'vais pas jouer au flic, pour une fois qu'ils me fichent la paix. Seulement, si t'as le vague à l'âme, tu devrais pas traîner la nuit dans ce coin de Montreuil, c'est pas une bonne basse-cour pour une poulette de grain.

Et sans plus d'explication il disparaît, avalé par l'ombre.

Mina tente un pas de côté, scrute la rue gardée par les poubelles. Rien, personne. Peut-être un long coup de sifflet quelque part sur sa gauche auquel répond un autre sifflet à l'autre bout de la rue, vers les terrains vagues, mais elle n'en est pas certaine.

Ses jambes molles la rappellent à l'ordre, la tension retombe. Ne restent à son esprit qu'une silhouette d'homme des bois au visage épaissi par une barbe, et des mots qu'elle n'a pas compris. Il fait quoi, ce type ? Il est tout seul ? Elle presse le pas, change de trottoir pour s'éloigner des friches.

Autour d'elle de drôles de chuintements semblent la suivre, le portail d'un jardin claque bruyamment, une boîte de conserve venue de nulle part chahute la rue. Et cette fois, elle en est sûre, des sifflets se répondent, l'annoncent. Elle ne peut éviter les derniers cinquante mètres de terrain sombre, il faut y aller.

Puis tout s'accélère. Deux silhouettes jaillissent devant elle. Ne pas montrer sa frayeur, prendre l'initiative, gueuler.

– C'est bientôt fini ? Fichez-moi la paix !

En un éclair elle voit les visages, jeunes. Un gars et une fille comme en miroir, même long nez, mêmes joues creuses, même regard noir. D'une torsion du buste, lanière bien en main, elle balance sa sacoche vers le plus proche et démarre en trombe.

Trois, quatre mètres d'avance, elle joue sa vie, dégage une énergie extraordinaire, se projette en avant. Dans le brouillard de sa course, l'horloge sonne deux coups , pour lui signifier qu'elle vient de franchir l'heure de tous les dangers.

Dix mètres, encore cinq mètres pour sortir du piège de la rue Saint-Antoine. Emportée par son élan elle heurte une bouche d'incendie qui veille dans le noir du carrefour, trébuche, se rattrape de justesse à un panneau de sens interdit. Sa sacoche valdingue, vomit ses trésors sur le macadam. Coup d'œil vers l'arrière : personne. Gagné !

Elle s'accroupit, la gorge en feu. Silence d'après un mauvais rêve. La ville entière s'est glissée entre les draps du sommeil, sourde à toute détresse.

Elle rassemble ses affaires, part à quatre pattes à la recherche de son stylo qui a roulé dans le caniveau.

– **A**lors, minette, on cueille des pissenlits ? (l'accent caillouteux, comment l'homme des bois l'a-t-il rejointe ?), c'est ça que t'as perdu ?

Entre ses doigts de bûcheron, le stylo.

Mina se redresse, tend sa main qui tremble, mais sa voix reste ferme.

– Qui êtes-vous, à la fin ?

– Si t'étais passée plus lentement devant le terrain, derrière la butte de terre, t'aurais vu ma caravane. Mais tu cours, tu cours, comme si t'avais le diable aux trousses ! Faut pas avoir peur de Yurgo et Varina, c'est mes enfants. Si tu rôdes dans la rue, tu tombes forcément sur eux.

– Pourquoi ils me menacent ?

– Mais non, ils veulent parler, c'est pas toutes les nuits qu'ils tombent sur une minette de leur âge.

– Vous m'énervez, arrêtez de m'appeler comme ça !

– S'cuse, quand j'étais jeune, les filles comme toi on les appelait… euh… comme ça. C'est quoi, ton nom ?

– Mina.

Le visage de l'homme s'éclaire.

– Salut, Mina, faut pas rester au froid, t'as pas l'habitude, viens boire un coup avec nous, c'est du chaud, que du bon.

Tous les clignotants sont au rouge dans la tête de Mina. Mais le vrai danger ce serait de faire machine arrière, de renoncer, de courir se réfugier chez ses parents.

Elle emboîte le pas à l'homme.

Assis **autour du feu,** ils échangent un grog brûlant relevé d'un alcool de prune ramené de Roumanie. Rien de menaçant dans le campement. Varina parle de leurs voyages de ville en ville, entre plaisir et galère. Elle ne va plus en classe, le lycée n'est pas pour elle.

– C'est comme ça, la vie t'en fais pas ce que tu veux, c'est elle qui décide.

Les mots sont posés sans haine, sans révolte.

Le père vogue dans ses pensées, yeux perdus dans les flammes. Yourgo, couteau en main, sculpte un serpent dans l'écorce d'un bâton. Sous la caravane deux chiens noirs grognent en dormant. On devine dans l'ombre tout un tas d'objets à réparer, à jeter, à vendre, la "farfouille" de la famille, comme ils disent.

– Je ne suis pas d'accord, pense Mina tout haut, si t'as la volonté tu peux partir, décider, t'en sortir, rompre tes habitudes. Regarde, ce soir, moi…

Sa phrase reste en suspens, le regard de Yourgo sur ses lèvres pèse des tonnes. Elle est à côté de la plaque avec son

histoire de déménagement, de copains et copines de lycée. Drames insignifiants face à la vie mouvementée des jumeaux.

– Quoi, toi ? insiste Varina.

– Non rien, excuse-moi, tu sais, j'ai une maison à Montreuil et…

Elle se tait à nouveau. Le père relève la tête.

– Hé, la fille, finis tes phrases. Tu dis que t'as une maison à Montreuil, t'es pas à la rue alors ?

Il crache un long jet vers les flammes et poursuit :

– Si t'as fugué, faut que tu rentres chez toi. Une fille, dans la nuit, c'est plus recherché qu'un diamant. Trop dangereux pour nous. On a bien assez à faire avec tous ces voisins fêlés qui nous espionnent, des fois qu'on farfouillerait dans leurs caves. Faut pas que tu restes ici.

Mina marque le coup. Elle le savait qu'elle n'était pas à sa place, mais la mise au point est brutale.

Elle voudrait rester, dire son cœur lourd, ses amis perdus, sa solitude.

Mais il a raison, le bûcheron, qu'est-ce que ça voudrait dire, ce déballage autour d'un feu de camp, avec des gens qui vivent sur une autre planète ?

Elle regarde le beau profil sombre de Varina et se sent ridicule, petite comme une mouche accrochée à un plan mural de métro secoué par le vent entre Château-Rouge et Montreuil.

Engluée dans ses souvenirs d'enfance, elle est incapable de dire à ses parents qu'ils lui ont fichu une sacrée claque dans le dos, et qu'elle chute chaque jour un peu plus dans l'inconnu.

Yurgo se lève, bâton bien en main. Éclairé à moitié par le feu qui danse, son corps est lui-même sculpté dans un cep de vigne. Il se dirige vers Mina, immense, lève son bâton, grogne : "huuu huuu".

– Il te le donne, intervient Varina, prends-le, n'aie pas peur.
– Huuuu huuu !
– Prends-le, il te dit qu'il te le donne. C'est mon jumeau mais il parle bizarre. Pour lui, la naissance s'est mal passée. Ça aurait pu être moi, je te l'ai dit, c'est la vie qui décide.
– Allez, grogne le père, faut pas que tu restes, mais faut pas que tu rôdes dans la nuit non plus. Prends garde à toi, Mina.
– Si t'as une maison à Montreuil, poursuit Varina, vas-y. Les terrains vagues c'est bon pour nous, et encore ça dure qu'un temps. Un beau jour y a des gens qui achètent pour construire une villa, des grandes pièces, des chambres…

Cette fois, c'est elle qui ne termine pas sa phrase.

Le cœur de Mina se serre. Gauchement elle fait deux pas vers Varina, tend son visage, l'embrasse. Puis cherche Yurgo du regard. Il a disparu.

– Il est timide, explique Varina, les filles il en voit pas souvent. Dis, ajoute-t-elle, si t'habites pas trop loin, tu pourrais passer me voir, ça me plairait assez. Si on est encore là, bien sûr.

Un coup de vent chasse la fumée qui les enveloppe.

Mina en profite pour passer le talus et remonter la rue Saint-Antoine jusqu'à la lumière du carrefour.

Ses joues sont mouillées de larmes. La fumée sans doute.

Le monde de la nuit n'est pas forcément hostile…

41

Chapitre 4

Quatre heures s'égrènent à l'horloge, cette fois sur sa droite.

Elle a dû tourner en rond dans la ville et serait bien incapable de retrouver son chemin. L'avenue du Président Wilson, la station-service, la rue saint-Antoine se sont fondues dans un monde sans boussole.

Naufragée volontaire de Montreuil, elle s'enfonce dans l'impasse de la nuit. Et l'impasse du Midi, de quel côté peut-elle bien être ?

Lorsqu'elle est venue à la villa avec ses parents, deux ou trois fois pendant que les ouvriers refaisaient le toit, elle n'a retenu que peu de choses : une maison avec des thuyas taillés en forme d'animaux – elle croit se souvenir d'un couple de biches –, des boîtes aux lettres décorées de fleurs peintes – elle s'était dit qu'il devait y en avoir d'autres de l'autre côté du mur, sales et amochées pour les mauvaises nouvelles –. Maigres indices pour s'orienter dans la jungle des rues de banlieue accrochées les unes aux autres comme les wagons d'un train fantôme.

À Château-Rouge, elle connaît les moindres recoins du quartier, les courettes où, par de mauvaises portes et des couloirs squattés par des clandestins, on peut passer d'une rue à une autre.

C'est dans un de ces labyrinthes qui sentait la cuisine du Sud, qu'avec Thomas ils avaient échangé leur premier baiser. L'instant d'après, ils fuyaient, pliés par un gigantesque fou rire, sous les insultes d'une mama africaine surprise dans ses ablutions, ses grosses fesses dans une cuvette.

Elle s'entendait bien avec Thomas.

La nostalgie repasse une couche de plomb sur ses épaules. La tristesse en profite pour piétiner ce qui reste d'herbes folles dans son jardin secret. Une immense solitude l'étreint. Elle se laisse glisser sur les marches d'un perron. Ses bras posés sur ses genoux soutiennent sa tête, lourde de regrets.

Pourquoi est-elle réellement là, à demi engloutie au creux des vagues des trente-huitièmes rugissants, alors que ses parents doivent mourir d'angoisse sur la terre ferme ?

Quel mauvais vent a soufflé sur la famille, redistribué les cartes ? Plus ses parents ont eu d'atouts en main, plus elle s'est sentie perdante, perdue. Ses appels au secours se sont égarés dans les embruns. Dans la famille Château-Rouge, elle n'a plus voulu être la fille.

Ça se paie cher, la liberté.

Ils ont dû alerter le réseau des copains et copines, avertir les gendarmes, lancer un avis de recherche. Elle se sent coupable. Puisque les dés étaient jetés et que sa vie allait se passer à Montreuil, pourquoi n'a-t-elle pas fait plus d'efforts pour se faire des amis au lycée, pour marquer son territoire ? C'est comme ça qu'on trouve sa place.

Et puis, dire sa peine à sa mère, sans forcément la tartiner de câlins comme avant. Avec des mots d'adulte, comme ceux qui tournent dans sa tête cette nuit.

Tout doucement elle murmure : "maman", secouée de sanglots, larmes de chaton et pleurs de femme.

Il faut qu'elle téléphone à sa mère, il est encore temps de faire la paix, de se comprendre.

D'un revers de main elle chasse le brouillard de ses yeux, renifle, resserre le col de son blouson, part à la recherche d'une bouée en forme de cabine.

Le quartier semble avoir été oublié par les Télécom. Avec les portables, qui a encore besoin de cabines publiques ?

Elle, justement elle, c'est une nécessité, de vie et de mort. On peut mourir d'autre chose que d'un coup de couteau dans la nuit des banlieues, on peut laisser son cœur, sa jeunesse, ses espoirs, là, dans un caniveau de nulle part où personne ne vous tend la main.

Enfin elle la voit, à l'angle d'une avenue où clignote une enseigne somnambule qui donne rendez-vous aux clients du lendemain : "Casino… Casino…". Un flash vert toutes les trois secondes. Elle presse le pas. "Terre, terre", lance l'enseigne au milieu des vagues.

Une voiture, une autre, des péniches en perdition qui klaxonnent. Puis le silence.

La France entière dort. Sauf elle et ses parents. Mon Dieu, qu'est-ce qu'elle va leur dire ?

La main en suspens, à deux doigts d'introduire la carte dans la fente du téléphone, elle répète : "qu'est-ce que je vais leur dire ?"

Dans moins de deux ans elle sera majeure, libre, et il faudrait qu'elle demande pardon ? De quoi ? C'est à eux de s'excuser de l'avoir oubliée au milieu des cartons du déménagement.

Elle hésite, sur le point de faire machine arrière, puis, comme on se jette à l'eau, enfonce la carte. À l'instant même où elle termine de taper le dernier chiffre, la voix de son père explose violemment à son oreille.

– Mina… où es-tu ?

Elle recule devant son ton si dur. Il est mort d'anxiété, elle n'entend que sa colère, un mur les sépare.

– M'man, m'man, bafouille-t-elle.

– Réponds, tu es où, ça va ?

Elle éloigne le combiné de son visage, entend vaguement la voix de son père qui monologue. Elle est incapable de prononcer plus de trois mots.

– Vous inquiétez pas, ça va.

Elle répète "ça va", puis raccroche.

Elle reste appuyée à la tablette de la cabine, hébétée, comme si elle venait de franchir la ligne d'arrivée du Vendée-Globe après avoir tiré des bords pendant des milles et des milles. La sueur coule le long de ses bras.

Deux, trois minutes passent, la tempête se calme. Devoir accompli. Elle a rassuré ses parents sans abdiquer sa révolte.

Demain ça va barder, pense-t-elle, mais demain l'abcès sera crevé, ce sera plus facile de parler.

Elle sourit, bien à l'abri des parois de verre. Elle s'embourbait, la réalité c'est bien autre chose que les malheureux mètres carrés d'une chambre, la vraie question c'est : comment être libre sans y laisser trop de plumes. Elle veut orienter sa vie sans endosser la lourdeur des choix des autres, qu'il s'agisse de ses parents ou de Thomas. Cette nuit, c'est elle qui décide.

Assise sur le sol de la cabine, elle ferme les yeux à demi.

Cinq heures, annonce l'horloge.

***

Elle a sombré dans un bref sommeil coup de massue, peuplé de visages inconnus. Soudain, elle sursaute.

Un visage apparaît, comme imprimé de l'autre côté de la porte vitrée qu'elle bloque avec ses pieds. D'un geste de la main elle chasse les restes de ce mauvais rêve. Les yeux, le nez, la bouche sont toujours là, plaqués au verre.

Tout contre la vitre, un homme l'observe, un homme

jeune, réel, immobile, accroupi, la tête ceinte d'un bandana noir. Elle pousse un cri terrible qui tourne en vain dans la cabine. Chasseur chanceux, le visage sourit. Le gibier est pris au piège de la cabine éclairée, il n'a plus qu'à le cueillir.

Mina crie de nouveau, tétanisée. Des copines ont dans leur sac des bombes lacrymo, elle, elle n'a rien, même pas un canif, seulement le bâton de Yourgo.

D'un fantastique coup de reins elle se dresse, plaque son dos contre la double porte qui ferme mal, cherche comme une folle la carte de téléphone au fond de sa poche. Vite, la tonalité. Le 18, le 17, elle ne sait plus, les pompiers, la police, quelqu'un.

Sur l'écran, deux mots terribles, définitifs : "crédit épuisé".

Alors, comme la chèvre de monsieur Seguin, elle fait face, se retourne.

Ses yeux sont des lance-flammes, ses poings des missiles, le bâton un bazooka.

– Tu veux mon portable, Mina ?

Sa mâchoire se décroche, son regard s'agrandit, l'homme l'a appelée par son nom. Il tapote la vitre.

– Hé, ça va pas, tu veux mon portable ? Tu te souviens de moi, au Chanteclair ? On était quatre, t'as changé de banquette.

Le lycéen au bandana, celui qui a pris sa défense. Qu'est-ce qu'il fait là, avec ses deux sacoches noires ?

Elle le fixe de nouveau comme s'il s'agissait d'un revenant. C'est bien lui, un costaud au large sourire.

Elle ouvre la porte.

– Dis donc, si je m'attendais à te trouver là, pour une Parigote, t'es plutôt zonarde de banlieue !

Et il part d'un magnifique rire clair qui renvoie sa tête en arrière.

– Mais c'est la nuit pour toi aussi, non ?

– Justement, c'est mon royaume.

– Comprends pas.

– Viens, n'aie pas peur, viens voir, je te dis, lâche ton bout de bois. Mon nom, c'est Pacôme.

D'office, il lui prend la main. La confiance, ça passe parfois par les pores de la peau.

Et le long d'un ancien cinéma à l'abandon, le Palace, dont on devine encore le nom au fronton de l'immeuble, elle comprend. Pacôme est un tagueur. Il la reprend :

– Graffeur, vois la différence.

D'un geste précis il tire une bombe de peinture d'une sacoche, y ajuste une buse choisie dans l'autre, et d'une envolée de semeur d'arc-en-ciel affine un détail de sa fresque. Des bouches qui hurlent, des lettres qui claquent et se chevauchent, des éclairs en coups de poing qui s'attaquent au vieux crépi de la façade et illumi- nent la nuit de Montreuil.

– C'est beau, dit simplement Mina, les couleurs vibrent, et là, cette bouche de requin avec toutes ses dents, magnifique !

– Tu veux dire que ça flashe un max. Ça peut, ouais. Les canettes, c'est D'jin mon pote qui les reçoit direct de New York. Tu trouves pas ces bleus et ces rouges chez nous.

– Les canettes ?

– Les bombes de peinture, c'est comme ça qu'on dit dans le milieu. J'suis pas seul, tu sais, ça serait trop triste. Les grafs c'est la fête des murs, la liberté ton sur ton, on chasse la grisaille à plusieurs.

– Et tes copains ?

– Terminé pour aujourd'hui, je rentrais. À cinq heures la ville s'éveille, on est plus chez soi. D'jin loge du côté de Vincennes, moi c'est vers Bagnolet. Et c'est bien la première fois que je vois quelqu'un dans cette cabine, à cette heure !

– Tu t'es approché sans m'avoir reconnue ?

– J'étais intrigué, ça aurait pu être quelqu'un d'autre. C'était toi. Le hasard.

– Oui, je sais, la vie qui décide. On m'a déjà dit ça, y a pas longtemps.

– Holà, lance Pacôme en riant, t'es bien sérieuse tout d'un coup.

Il poursuit d'un ton théâtral :

– Le destin frappe au petit matin dans une cabine de la rue des Soupirs, elle égarée dans la grande banlieue, lui artiste-barbouilleur. De chaque côté de la vitre leurs regards se croisent et… mais qu'est-ce que t'as, tu pleures…

Mina, adossée au mur, la tête entre ses mains, sanglote sans bruit.

Il reste devant elle, embarrassé par ses mains maculées de peinture, tente un geste maladroit pour la consoler. Elle l'envoie balader.

– Si ça t'ennuie que je sois sérieuse, retourne à tes petits Mickey.

Pendant de longues minutes un silence épais les sépare.

Puis avec d'infinies précautions, Pacôme tend un bras d'amitié, à la presque toucher.
– Tention, c'est tout frais derrière toi, tu vas te retrouver avec la mâchoire du grand squale bleu décalquée sur ton pull...
Elle se déplace un peu sur sa gauche. Sans un mot.
Il poursuit d'une voix douce :
– Au Chanteclair j'ai voulu te parler, circulez y a rien à voir, j'ai pas insisté, là j'essaie de te faire rire, plof, c'est loupé.
Il marque un temps, continue :
– Tu sais, je suis pas très causant avec les copines d'habitude, faut croire que je sais pas bien m'y prendre.
Mina affûte son regard brun derrière ses paupières mouillées. La fatigue et l'émotion lui sculptent un visage de princesse en exil. Il faut qu'elle arrête de repousser des ennemis imaginaires. L'agresseur qui lui fait face a une tête d'ange auréolée d'un bandana et sa seule arme est un sourire à terrasser tous les démons.
Pour la première fois de sa longue nuit de fugue, elle sourit à son tour.
– Viens, lui dit simplement Pacôme.

La main amie,
tant espérée,
s'est enfin tendue...

Chapitre 5

Ils traversent **la cour** délabrée à l'arrière du Palace, ressortent dans un dédale de ruelles où les villas profitent du moindre espace pour étirer leurs jardinets.

La main dans la main ils avancent sans bruit, veillés

par le dernier quartier de la lune de décembre.

Les mots coulent de la bouche de Mina comme un trop-plein de source. Elle dit son désarroi, ses amitiés perdues, sa solitude au lycée, ses parents qui s'éloignent sur leur planète égoïste.

– Pas égoïste, reprend Pacôme. Chacun cherche sa place, c'est normal. Les parents ont le droit de penser à eux, c'est pas toi qui les aideras dans quelques années, quand ils se retrouveront seuls face à face. Ils s'organisent, à toi de trouver ta route. Soit tu la balises avec des haies, tiens, comme cette maison bordée d'épineux qui ne protègent que des nains de jardin, soit tu restes attentif au moindre sentier de traverse, tu t'ouvres aux rencontres. L'inconnu, c'est pas plus dangereux qu'un mal de crâne, ce qui est grave c'est de ne plus être curieux, ça c'est une sacrée maladie qui frappe même les jeunes, tu sais.

– Dis donc, t'es pas mal dans le genre sérieux, morale et compagnie !

– Seulement, moi, ça ne m'empêche pas de rigoler.

– Ni de faire rire les murs, c'est ça ?

– T'apprends vite. Bien, pour une nana !

D'un demi-tour rapide, Mina se plante devant lui, visage décidé, lèvres entrouvertes.

– À ton tour d'apprendre, monsieur le donneur de leçons.

Son baiser surprend Pacôme qui en lâche sa canette.

Quand ils reprennent leur souffle, il murmure entre ses dents :

– C'est pas comme ça que tu pourras me faire taire, t'sais.

Et la rue Traversière, qu'ils viennent justement de traverser, résonne de leurs rires qui font claquer les volets de quelques grincheux.

Pacôme à son tour raconte sa vie à Bagnolet, dans un petit appartement entre sa mère, ses sœurs et son père avec qui il se dispute chaque fois qu'ils se voient, ses doutes sur ses études au lycée, sa passion pour le "graf", le voyage qu'il prépare avec ses potes pour rencontrer les graffeurs du métro de New York.

Et il parle et il parle.

Mina répond, dit aussi son plaisir quand elle jouait avec la troupe de théâtre.

– Tu as arrêté ?

– Cette saleté de déménagement, bien sûr. On répétait dans une salle de Château-Rouge et maintenant...

– Et patati, et patata, maintenant tu es à Montreuil, et tu ne sais même pas qu'il y a une sacrée école de théâtre, et que j'ai des copains de Descartes qui en font partie, et que lundi prochain je vais te les faire rencontrer au Chanteclair et tu me feras le plaisir cette fois de ne pas changer de banquette.

Mina ne relève pas l'ironie.

Tout à coup son cœur s'est mis à battre très vite. Ça serait formidable si elle reprenait le théâtre, les répet's, l'odeur de la scène, les fous rires, le trac...

Elle ne veut pas mettre de mots sur ce qu'elle ressent, ça briserait le sortilège, c'est si fragile un espoir.

Mais elle sait qu'elle vient enfin de passer de l'autre côté des trente-huitièmes rugissants, et que les vagues porteuses la poussent vers des eaux calmes.

Les lendemains seront différents.

—Là, une biche !

Pacôme resserre les doigts de son amie qui délire.

– Là, la deuxième !

– Ça va, Mina ?

– Tu ne les vois pas ? derrière la murette… elles sont taillées dans la haie.

– Oui, oui, et alors ? Moi c'est les canettes, toi les planches, le proprio de cette villa, les ciseaux de jardinier. Chacun sa création !

– C'est pas le problème, je t'explique : je les avais remarquées quand je suis venue avec mes parents. Tiens, voilà les boîtes aux lettres fleuries, on approche de l'impasse du Midi, je savais vraiment pas où il se nichait, ce bout de rue. C'est là que je vais habiter. Merci, mon prince !

– J'y suis pour rien, tu sais bien, c'est la vie qui décide !

– Cours plus vite qu'elle, rattrape-moi si t'es si malin !

Elle s'échappe à grandes enjambées, file vers la villa au toit neuf, encore entourée de son échafaudage, arrive la première au portail qui grince sous la poussée.

Le vieux cerisier déplumé par l'hiver dort à l'ombre du lierre parti à l'assaut des volets clos. Un merle s'envole en râlant. L'humidité lisse le banc.

– Dis donc, c'est sacrément sympa. Tu verrais chez moi, c'est béton et compagnie.

Elle ne dit rien, contourne pas à pas la tonnelle de fer, hume les senteurs inconnues, s'approprie l'espace comme un chat le nouveau canapé du salon.

– Viens, souffle une voix au-dessus de sa tête.

Pacôme a escaladé les poutrelles de l'échafaudage.

– T'es fou, descends de là, ordonne Mina, on n'a pas le…,

Puis elle s'interrompt.

Il complète sa phrase :

– Pas le droit, c'est ça ? Arrête de t'interdire, Mina, t'es chez toi, t'entends, chez toi, allez hop !

En deux tours de bras il la hisse à ses côtés.

– J'ai une chouette idée pour graffer le mur.

– Déconne pas !

– Je plaisante, princesse. Mais ne recommence pas tes marches arrière, promis ?

Un baiser d'équilibriste scelle la promesse.

Les fenêtres de l'étage ont été laissées entrouvertes pour aérer les pièces peintes de neuf. Leur ombre double s'attarde un instant aux volets, puis disparaît. D'un saut ils viennent d'entrer dans la villa.

Les ongles de Mina s'incrustent dans la paume de la main du garçon. Il serre le poing, guide la fille qui rentre au port.

– Montre-moi ta chambre.

À tâtons ils longent le couloir, poussent une porte. C'est là. Mina sort son briquet de sa sacoche, fait claquer la molette.

– Bravo pour les couleurs, lance Pacôme. Bon point pour tes vieux !

Elle reste bouche bée devant la surprise. Du vert, sa couleur préférée, conjuguée en teintes complémentaires sur chaque mur. Elle se rappelle en avoir vaguement parlé un soir à ses parents qui ne l'écoutaient pas. Pas si sourds que ça !

Elle se jette dans les bras de Pacôme, et rit, rit.

Il la tient longuement serrée, elle se fait lourde, lourde, il accompagne sa chute au sol.

Elle dort déjà. Il n'a pas le temps de se demander ce qu'il doit faire, le sommeil le rattrape à son tour.

Enroulés comme des chiens de traîneau sous la tourmente, ils voguent dans leurs rêves.

– **E**lle est là !

Je te l'avais dit qu'elle serait à la villa !

– Avec un garçon ! Elle qui traînait les pieds pour aller à Descartes parce qu'elle n'avait pas d'amis !

– Chut, ne recommence pas, veux-tu ! Il n'a pas l'air bien méchant, un copain de classe sans doute. On l'a retrouvée, c'est l'essentiel, calme-toi.

– Une nuit à mourir d'inquiétude, et tu passes l'éponge. Je m'en vais la réveiller et tu vas voir comment elle va rentrer à la maison, rejoindre son frère qu'on a été obligés de faire garder, et…

– Rien du tout ! Tu veux qu'elle reste ou tu veux qu'elle reparte ?

– Bien sûr...

– Alors, laissons-les dormir. C'est à nous de veiller sur eux.

À pas de loup les parents de Mina rebroussent chemin. Des larmes viennent aux yeux de la mère, et pour la guider à travers les escaliers noirs le père lui prend la main. Ils ne savent pas trop dans quelle pièce s'installer, errent comme des étrangers dans la maison vide. Ça serait terrible, une maison sans Mina. Ils descendent les trois marches du perron, hésitent. La tension est retombée, le froid a pris sa place.

Il va chercher une couverture dans la voiture, s'assied à côté d'elle sur le banc. Une fin de nuit à la belle étoile, mon Dieu, depuis combien de temps...

Six heures sonnent. Puis sept.

La lune qui a bien fait son boulot renonce à comprendre et tire sa révérence.

Épuisés, ils s'endorment, tête contre épaule.

Le merle revient à pattes de velours, craintif des silhouettes sur le banc. Il faudra bien qu'il se fasse aux étranges habitudes des habitants de la villa de l'impasse du Midi.

Pour en savoir plus sur l'auteur et l'illustrateur de ce roman, voir page 61.

Mars 2004
Cher auteur

. . . .

. . . .

. . . .

. . . .

. . . .

. . . .

. . . .

. . . .

. . . .

. . . .

Nom :. . . . .

Prénom :. . . . . **âge :**. . . . .

Adresse :. . . . .

Ville : . . . . **Code postal :**. . . . .

Posez vos questions à l'auteur, dites-lui ce que vous avez pensé de son roman, sur notre site *www.okapi-jebouquine.com* (rubrique cher auteur) ou écrivez-lui en découpant et en envoyant cette lettre à : Rédaction de Je Bouquine, 3, rue Bayard, 75393 Paris cedex 08. Quelques lettres seront publiées ainsi que la réponse de l'auteur dans la rubrique «Cher auteur, cher lecteur» du numéro 244, ainsi que sur notre site (rubrique «cher lecteur») dès le 20 avril.

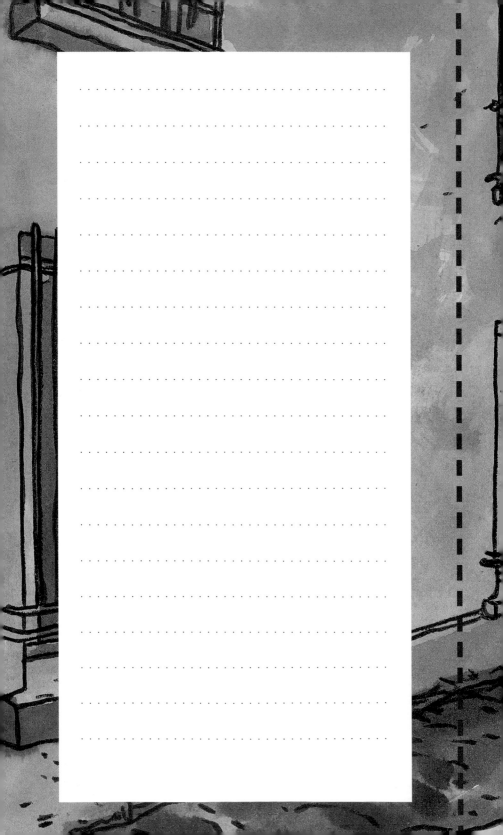

roman

Les auteurs

Franck Pavloff

L'écrivain

Il est psychologue, spécialiste du droit des enfants, éditeur, voyageur, et en plus il trouve le temps d'écrire ! C'est qu'il aime par-dessus tout l'écriture, et sous toutes ses formes : poésie, théâtre, nouvelle, roman (noir ou polar), pour les adultes ou pour les jeunes. "Des jeunes filles comme Mina, dit-il, j'en connais. Avec *Jusqu'à l'aube* j'ai voulu raconter une histoire où elles pourraient se reconnaître. Quitter peu à peu sa famille sans tout casser derrière soi, c'est une sacrée aventure, tout comme traverser la nuit, seule, affronter ses dangers, arriver enfin à aller vers les autres, à parler… Quand l'aube se lève, quel bonheur !"

Du même auteur, vous pouvez lire *Matin brun (Cheyne Éditeur)* et *Lao, Wee et Arusha (Syros).*

Bruno Pilorget

L'illustrateur

Cette nuit d'errance dans la banlieue parisienne, Bruno l'a réchauffée de lumières et de couleurs vives. "J'ai voulu rester au niveau du texte, dit-il modestement. La fugue de Mina n'est pas un drame glauque, c'est une histoire tendre, vivante. Même la ville de Montreuil y devient un personnage !" Détail amusant : juste avant d'illustrer la scène avec Pacôme, le graffeur, il a rencontré des passionnés de graff qui lui ont tout dévoilé sur leur technique. Du coup, il s'est lancé dans cet art… en petit format et sur papier, pour l'instant. Son premier graff (p. 48) est parfaitement réussi !

Bruno a illustré des couvertures de livres, comme : La saison des singes *(Bayard Ed.)* qu'il a dessinée ici, (page 13)

Découvrez vite la collection "les romans de Je Bouquine" Bayard Jeunesse, 5,80 €

> Cher **auteur**

Quel numéro, ce *spécial Japon* ! Vous avez été fascinés, enchantés, troublés par ces nouvelles venues du pays du Soleil Levant. Et vous l'avez écrit à l'auteur, qui a été ravi de lire des lettres de jeunes Européens.

J'ai lu vos histoires et j'ai trouvé qu'elles étaient *d'une réalité troublante*. Normal, puisqu'elles sont tirées de vos souvenirs. Mais pour moi cela ne change rien. Ces souvenirs sont merveilleusement bien racontés.

Anne, 13 ans, La Harmoye

Quelles histoires fascinantes !
Vraiment, c'est original de mettre 7 histoires dans Je Bouquine. Et ce qui est bien, c'est que l'auteur a vécu toutes ces péripéties. **Chapeau ! ! !**

Céline, 12 ans, Poitiers

J'ai vraiment adoré vos 7 nouvelles pleines de vie, de tendresse, d'amitié.

Nicolas, 10 ans, Marsannay-le-Bois

Ces nouvelles m'ont enchantée

(et empêchée de faire mes devoirs !). Cette manière de penser que les profs font ci ou ça pour vous préparer à la vie adulte, je trouve ça chouette. Ça change un peu de l'état d'esprit des élèves de mon collège qui pensent toujours que les profs font les choses pour nous embêter.

Nina, 14 ans, Bruxelles

Chacun peut se retrouver dans vos histoires. Moi, c'est dans **"Choisissez qui vous voulez"** car moi aussi je me retrouve souvent toute seule. Je suis bien d'accord avec vous sur la moralité de cette histoire.

Émilie, 13 ans, Ferney-Voltaire

Comment peut-on être **cinéaste, romancier, poète**, et d'après JB presque **rockstar ?**

Caroline, 12 ans, Taverny

Toutes ces histoires sont touchantes et peuvent arriver à beaucoup de jeunes d'Europe même si elles se déroulent dans une civilisation complètement différente. *Merci pour ces souvenirs de jeunesse* que vous nous avez confiés.

Rémy, 13 ans, Paris

> Cher **lecteur**

Hitonari Tsuji, l'auteur
des nouvelles japonaises
Je Bouquine n° **238**

C'est la première fois de ma vie que je reçois des lettres d'adolescents français et je les ai toutes lues. Je suis japonais et je n'habite à Paris que depuis 6 mois. Je commence seulement à apprendre le français et c'est encore difficile pour moi de le lire et de l'écrire. Donc j'ai fait des efforts en cherchant mes mots dans le dictionnaire. D'abord je suis très heureux que vous ayez lu mes histoires. Vos lettres sont des trésors pour moi. Je vais répondre à quelques-unes de vos questions. Effectivement ce sont des histoires vécues, à part "Mauvaise rencontre". L'un de vous a écrit que même si elles se passent au Japon, elles pourraient aussi bien arriver à de jeunes Européens : c'est vrai, les enfants sont partout les mêmes. Quand on devient adulte et qu'on prend sa place dans la société, on change. Je suis un adulte mais je n'ai pas jeté mon cœur d'enfant. C'est pourquoi j'ai un peu de mal à vivre dans le monde des adultes. Mais en même temps je peux écrire et être compris par tous. Vous dites que les professeurs vous embêtent mais il faut voir qu'ils travaillent en pensant à votre avenir. Ce sont des adultes qui ont un peu oublié leur enfance, vous pouvez la leur rappeler. Et s'ils s'en souviennent, essayez de les comprendre à votre tour. C'est un bon moyen de se rapprocher. Mes livres pour adultes sont assez durs à lire. Mais en fait, pour ce qui est du contenu, il n'y a pas de grande différence entre eux et ces 7 histoires. J'espère que vous les lirez quand vous serez adultes et que vous vous souviendrez de moi !

Hitonari Tsuji

"Les histoires de collégiens japonais" ont été illustrées par Nicolas Thers

Le palanquin des larmes

de **Chow Ching Lie**
née en 1936

*Shanghai, 1948 :
le destin dramatique
d'une jeune fille de 13 ans.*

Le palanquin des larmes

de Chow Ching Lie

Un extrait adapté par Loo Hui Phang dessiné par Michel Rouge

Shanghai 1948. Après des années de pauvreté, la famille de Ching Lie connaît enfin l'aisance. Son père, ayant abandonné son métier de professeur pour se lancer dans les affaires, peut alors offrir à ses enfants une vie confortable et une éducation de qualité. Douée d'un talent précoce pour le piano, Ching Lie, 13 ans, est promise à une belle carrière de musicienne. Mais les événements semblent en décider autrement...

Le palanquin des larmes

J'ÉTAIS LA PREMIÈRE FILLE DE LA FAMILLE ET MON PÈRE M'ADORAIT.

JE FRÉQUENTAIS L'ÉCOLE SINO-OCCIDENTALE, L'UNE DES PLUS CHÈRES DE SHANGHAÏ

QUAND, À SIX ANS, JE VOULUS APPRENDRE LE PIANO, MON PÈRE N'Y OPPOSA AUCUN REFUS.

JE FIS DES PROGRÈS EXCEPTIONNELS EN QUELQUES ANNÉES

LE JOURNAL DONNE LES RÉSULTATS DU CONCOURS DE PIANO.

CHOW CHING LIE, ONZE ANS ET DÉJÀ UNE PIANISTE D'AVENIR !»

JE SUIS FIER DE TOI, PETITE SOEUR !

AUTOUR DE NOUS, LA CHINE ÉTAIT DÉCHIRÉE ENTRE L'ARMÉE ROUGE ET CELLE DE TCHANG KAÏ CHEK …

…MAIS SHANGHAÏ RESTAIT PRÉSERVÉE ET NOUS ÉTIONS HEUREUX.

Le palanquin des larmes

VERS L'ÂGE DE DOUZE ANS, JE ME MIS À GRANDIR SOUDAINEMENT.

REGARDEZ C'EST CHOW CHING LIE !

CHING LIE JE T'AIME !

COMME ON ME L'AVAIT APPRIS, JE FEIGNAIS DE NE RIEN ENTENDRE

TU ES MON SOLEIL !

CHING LIE POURRAIS-TU M'EXPLIQUER CECI ?...

?

JE NE SAIS PAS CE QUE C'EST, JE T'ASSURE !

chère Ching Lie,

tu es si belle que je ne dors plus.

...

GARE À TOI SI TU FRÉQUENTES DES GARÇONS SANS ME LE DIRE ! NE T'AVISE PAS DE ME CACHER QUOI QUE CE SOIT !

J'ÉTAIS JOLIE. CE N'ÉTAIT PAS UN MÉRITE MAIS UNE MALÉDICTION.

Le palanquin des larmes

N SOIR.

NE VOUS DONNEZ PAS LA PEINE DE SONNER, MONSIEUR, J'AI LES CLEFS.

JE SUIS UN AMI DE M. HIAO, VOTRE VOISIN TOI, TU DOIS ÊTRE CHING LIE ?

OUI, MONSIEUR.

JE NE POUVAIS PAS ENCORE SAVOIR QUE CETTE RENCONTRE ALLAIT CHANGER MA VIE.

QUELQUES SEMAINES PLUS TARD, MA MÈRE M'EMMENA CHEZ LE COIFFEUR.

DEUX HEURES APRÈS, JE NE ME RECONNUS PLUS, J'AVAIS LE VISAGE D'UNE JEUNE FILLE.

Le palanquin des larmes

UN JOUR, EN RENTRANT DE L'ÉCOLE...

VA TE CHANGER, NOUS ALLONS PRENDRE LE THÉ AVEC DES PERSONNES TRÈS IMPORTANTES.

JE N'AVAIS JAMAIS PORTÉ UNE SI BELLE ROBE.

C'EST IMPOSSIBLE, JE NE PEUX PAS RESTER COMME ÇA !

IL FAUT QUE TU SOIS ÉLÉGANTE ET FAIS ATTENTION À TA NOUVELLE ROBE.

NOUS PRÎMES LE THÉ AU FAMEUX RESTAURANT LE PAVILLON VERT EN COMPAGNIE DE LA FAMILLE LIU...

...ET DE M. YUEN.

LA FAMILLE LIU EST L'UNE DES PLUS RICHES DE CHINE.

LIU YU WANG, LEUR FILS AÎNÉ, AVAIT VINGT SIX-ANS.

70

Le palanquin des larmes

UN SAMEDI APRÈS-MIDI, JE PRIS LE THÉ CHEZ UNE AMIE.

TU RESSEMBLES TELLEMENT À MON FRÈRE QUE J'AI CRU QUE C'ÉTAIT LUI.

SI J'AVAIS UNE SŒUR COMME TOI, JE SERAIS LE PLUS HEUREUX DES GARÇONS.

LOUIS HO ÉTAIT UN BON DANSEUR ET IL ME SEMBLAIT LE CONNAÎTRE DEPUIS TOUJOURS.

LE SAMEDI SUIVANT, J'ACCEPTAI SON INVITATION AU CINÉMA.

JE VIVAIS MON PREMIER AMOUR AVEC UN GARÇON. NOUS NE NOUS EFFLEURIONS MÊME PAS LA MAIN.

JE T'INTERDIS DE SORTIR AVEC CE LOUIS ! JE NE VEUX PLUS ENTENDRE PARLER DE LUI !

D'OÙ VIENS-TU ?

JE SUIS ALLÉE AU CINÉMA AVEC LOUIS HO.

Le palanquin des larmes

UN SOIR APRÈS LE DÎNER.

DEPUIS QUELQUE TEMPS, TROP DE GARÇONS TE TOURNENT AUTOUR. JE ME FAIS BEAUCOUP DE SOUCIS.

IL FAUT QUE JE TE TROUVE UNE BELLE FAMILLE CONVENABLE, ET ALORS JE POURRAI DORMIR TRANQUILLE.

REPARLONS-EN DANS TROIS ANS. JE VOUDRAIS FINIR MES ETUDES AVANT DE ME MARIER.

OUI, NOUS EN AVONS CONVENU AINSI AVEC LA FAMILLE LIU.

COMMENT ÇA ?

LE JEUNE LIU YU WANG VEUT T'ÉPOUSER. C'EST UNE CHANCE INOUÏE. TOUTES LES JEUNES FILLES DE SHANGHAÏ RÊVENT D'ENTRER DANS UNE FAMILLE AUSSI RICHE ET AUSSI HONORABLE.

MAIS LIU YU WANG NE ME PLAIT PAS !

LA FAMILLE LIU EST RICHE AUJOURD'HUI, MAIS BIENTÔT LA CHINE CHANGERA ET ILS SERONT PERDUS...

CHING LIE EST BELLE ET INTELLIGENTE, ELLE N'A PAS BESOIN DE LA FAMILLE LIU.

ASSEZ ! JE SOUHAITE POUR CHING LIE LE MEILLEUR AVENIR QUI SOIT, ET ELLE NE SERA JAMAIS HEUREUSE AVEC UN MARI PAUVRE ! C'EST À VOTRE PÈRE DE DÉCIDER, PAS À VOUS !

72

Le palanquin des larmes

M. YUEN ET M. LIU VINRENT À LA MAISON CHAQUE JOUR POUR PRESSER MON PÈRE D'ACCEPTER LE MARIAGE.

AVEZ-VOUS PRIS UNE DÉCISION M. CHOW ?

CHING LIE EST SI JEUNE... LAISSEZ-MOI ENCORE QUELQUES JOURS DE RÉFLEXION

DEVANT L'INDÉCISION DE MON PÈRE, M. LIU ET M. YUEN S'ADRESSÈRENT À MON GRAND-PÈRE.

POURQUOI HÉSITE-T-IL ? MON FILS A-T-IL PERDU LA RAISON ?

MON PÈRE VOUAIT À MON GRAND-PÈRE UNE OBÉISSANCE TOTALE.

CHING LIE ÉPOUSERA LIU YU WANG, ET IL N'Y A PAS À DISCUTER !

MES ENFANTS, J'AI UNE GRANDE NOUVELLE À VOUS ANNONCER : CHING LIE VA SE FIANCER DANS UN MOIS.

VOUS ÊTES FOUS ! VOUS N'AVEZ PAS LE DROIT DE DÉTRUIRE LA VIE DE MA SOEUR !

C'EST MONSTRUEUX !

NE VOUS DISPUTEZ PAS ! NOUS EN REPARLERONS UNE AUTRE FOIS !

IL NE FAUT PAS LAISSER FAIRE UNE CHOSE PAREILLE. IL FAUT AGIR !

Le palanquin des larmes

NOTRE ATTAQUE FUT LE SILENCE.

LES PREMIERS JOURS, NOUS ÉTIONS ASSEZ CONTENTS DE NOUS

IL FAUT QUE TU VOIES LOUIS HO PLUS SOUVENT. IL A L'AIR SYMPATHIQUE.

JE N'AI PLUS AUCUNE NOUVELLE DE LUI

CHING SONG ET CHING LIN, J'AIMERAIS VOUS PARLER.

! ?

JE VEUX SAVOIR POURQUOI VOUS N'ADRESSEZ PLUS LA PAROLE À VOTRE MÈRE.

ELLE VEUT FORCER CHING LIE À ÉPOUSER LUI ! VOUS N'AVEZ PAS LE DROIT DE DÉTRUIRE MA SŒUR

QUI TE PERMET DE PARLER AINSI ? TA MÈRE VEUT MARIER CHING LIE PARCE QU'ELLE L'AIME. AU LIEU DE LA COMPRENDRE, VOUS FAITES TOUT POUR LA BLESSER.

AUSSI LONGTEMPS QUE MAMAN FORCERA MA SŒUR, JE NE LUI PARLERAI PAS !

Le palanquin des larmes

CETTE FOIS TU VAS TROP LOIN CHING LIN !

PAPA ! ARRÊTE, JE T'EN SUPPLIE

J'ACCEPTE ! J'ACCEPTE DE ME MARIER

ES FIANÇAILLES EURENT LIEU LE 28 OCTOBRE.

E RÉUSSIS À M'ÉCHAPPER DU SALON ET RESTAI NS MA CHAMBRE.

LOUIS HO ? NON, JE DOIS RÊVER...

Le palanquin des larmes

LOUIS ?
C'EST
TOI ?

TU AS ÉTÉ MALADE ?
DEPUIS LE TEMPS QUE
TU AS DISPARU, JE NE
SAIS RIEN DE TOI.

JE T'AI APPELÉE, IL Y A
TROIS MOIS. C'EST TA MÈRE
QUI M'A RÉPONDU. ELLE M'A
INTERDIT DE TE REVOIR.
ALORS, JE T'AI ÉCRIT PLU-
SIEURS LETTRES, SANS
JAMAIS AVOIR DE
RÉPONSE !

JE
N'EN
SAVAIS
RIEN...

JE SUIS VENU
CHAQUE JOUR
ICI, EN SOUVENIR
DE NOS RENCON-
TRES. AUJOURD'HUI
JE SUIS RESTÉ
UN PEU
PLUS TARD...

...ON M'A DIT QUE TES FIANÇAILLES
AVAIENT LIEU AUJOURD'HUI.
JE TE SOUHAITE BEAUCOUP DE
BONHEUR, TRÈS SINCÈREMENT.
JE VOULAIS QUE TU SACHES QUE
JE T'AIME DEPUIS LA PREMIÈRE
FOIS QUE JE T'AI VUE...

Extrait

Après le départ de Louis Ho, Ching Lie
remonte à toute vitesse dans sa chambre. Elle ouvre sa fenêtre. La pluie mouille son visage. Mais est-ce la pluie ou ses larmes ?...

" J'étais toujours devant la fenêtre de ma chambre les yeux écarquillés et comme pétrifiés, quand une voix me fit sursauter :
– Mademoiselle ! Mademoiselle ! Madame demande que vous descendiez...

Je regarde la servante stupidement. Puis, comme une automate, je descends.

Ma mère m'attend au bas de l'escalier :
– Qu'est-ce que tu fabriquais dans ta chambre ? Un jour comme celui-ci, tu te caches ? Que se passera-t-il le jour de ton mariage quand il y aura foule ? Aujourd'hui, il n'y a que des intimes et tu disparais... Fais-moi le plaisir de rester avec nous.

Je ne réponds rien... Ma mère s'impatiente :
– Vas-tu venir enfin ?

Sans bouger, je lui demande brusquement :
– Est-ce que Louis Ho a téléphoné chez nous ?
  – Une fois, oui.
  – M'a-t-il écrit ?
  – Oui, plusieurs fois.
  – Pourquoi ne me l'as-tu pas dit ?
  – Parce que j'ai le droit de l'empêcher de te téléphoner et de t'écrire. Parce que je ne veux pas qu'il dérange ton cœur. Tu as quelque chose à dire ?

Et elle me fixe avec défi, prête à la dispute, à la violence. Je lui réponds simplement :
– Non. "

Ching Lie connaîtra-t-elle malgré tout le bonheur dans ce mariage arrangé ? Devra-t-elle renoncer à sa carrière de pianiste ? Vous le saurez en lisant "Le palanquin des larmes ", le récit vrai d'un destin hors du commun.

Extrait du livre "Le palanquin des larmes", collection J'ai lu, pages 167-168

Chow Ching Lie

Les blessures d'une vie

Mariée à treize ans, mère à quatorze, Chow Ching Lie a eu une vie dure mais extraordinaire. Pianiste, écrivain, femme d'affaires, Ching Lie nous raconte son étonnant parcours de Shanghai à Paris ...

Où es-tu née ?

Je suis née à Shanghai pendant la guerre entre la Chine et le Japon. À l'époque, le pays était plongé dans les ténèbres du Moyen Âge : famine, pauvreté. Ma famille et moi vivions chichement. Ma mère était fille de paysans et mon père modeste professeur. Mais le pire fut d'être née fille et non pas garçon.

Pourquoi ?

À l'époque, c'était une malédiction. Ma grand-mère a claqué la porte de rage dès qu'elle m'a vue. Pour elle, avoir une fille

RUE DES ARCHIVES

" L'huître ne fait sa nacre que lorsqu'elle est blessée "

Proverbe chinois

J. FOLEY/ OPALE

portait malheur. Elle n'était pas la seule à penser cela. On trouvait fréquemment des petites filles abandonnées dans les poubelles. Heureusement, j'avais quelqu'un qui m'aimait vraiment.

Qui ?

Mon père. Lui, m'a protégée de ces vieilles croyances. Il était sentimental, rêveur, cultivé. Il m'a fait lire "Le comte de Monte Cristo" d'Alexandre Dumas, et a emprunté de l'argent pour que je fasse des études dans un collège à l'occidentale. Un privilège à l'époque. Et il m'a offert un piano !

Pourquoi un piano ?

J'avais sept ans. Un jour, je me suis faufilée dans une salle de l'école. Et j'ai vu un meuble tout noir et à côté une jeune fille en robe blanche. J'ai eu tout de

Portrait

Larmes
Un palanquin est une chaise à porteur. La jeune mariée chinoise y prenait place quand elle quittait la maison de ses parents. D'où le titre du récit de Chow Ching Lie.

Jeux
Avant d'être mariée à treize ans à un homme qu'elle n'aimait pas, Ching Lie avait une enfance heureuse, jouant du piano, allant à l'école...

Fuite
À la mort de son mari en 1962, Ching Lie décide de partir à Paris avec ses deux enfants, Paul et Juliette, sans parler un mot de français.

Paroles
Ching Lie a raconté sa vie à l'écrivain Georges Walter. Publié en 1975, le livre est un succès mondial.

Shanghai au temps de Chow Ching Lie : une rue populaire et le Bund, un quartier d'affaires (photo de gauche).

RUE DES ARCHIVES

L'auteur

Aujourd'hui, Shanghai est une gigantesque forêt de béton et d'acier. Plus de 4 500 gratte-ciel y ont été construits depuis quinze ans.

suite envie de lui ressembler. Dès qu'elle a commencé à jouer, j'ai su que la musique aurait une grande place dans ma vie. Mon père l'a très vite compris et m'a permis d'assouvir ma passion pour le piano. J'ai eu de la chance !

De la chance et de la malchance ?

Oui, c'est vrai. J'ai eu la malchance d'être mariée de force comme des millions de petites Chinoises. Mes parents ont cédé à la demande en mariage d'une très riche famille, les Liu. J'avais 13 ans et mon futur mari était beaucoup plus âgé que moi. Je me souviens que le jour de mes noces, je jouais encore aux billes avec mon frère. En ce temps-là, on mariait de force la plupart des jeunes gens.

Comment s'est passée ta vie de très jeune mariée ?

Mal. Ma belle-mère me traitait comme une esclave. À 14 ans, j'attendais un enfant. Paul, mon fils est venu au monde. Je n'ai jamais eu beaucoup d'autorité sur lui, ni sur Juliette, née quelques années plus tard. J'étais trop jeune pour être maman.

Et le piano dans tout ça ?

J'ai continué à jouer et je suis devenue professeur au Conservatoire. C'était la grande

Le film

> *" Sans l'amour de mes enfants, mon cœur serait mort de froid ... "*
> Chow Ching Lie

En 1988, le réalisateur Jacques Dorfmann a la folle idée de tourner "Le palanquin des larmes". Ce sera le premier film étranger réalisé en Chine. Un événement ! Chow Ching Lie retourne dans son pays natal pour l'occasion. Le tournage est une grande aventure : Décorateurs et costumiers travaillent dehors au milieu des poules, il y a des milliers de figurants. Chow Ching Lie revit avec émotion tout son passé. Elle tombe en larmes lorsqu'elle voit reconstituée la luxueuse chambre où se déroula sa nuit de noces...

COLL. CHRISTOPHE L.

époque de Mao, le chef des communistes chinois. Au début, on pensait que tout irait mieux dans le pays. Il a interdit les mariages arrangés comme celui que j'ai vécu. Mais d'un autre côté, nombre d'intellectuels seront obligés de partir travailler dans les champs. Beaucoup d'autres croupiront en prison et ne reviendront jamais.

Qu'as-tu fait ?
Après la mort de mon mari, j'ai décidé de partir à Paris sans parler un mot de français. Au début, je voulais devenir concertiste, mais le métier d'artiste ne me permettait pas d'élever mes enfants. Alors, j'ai commencé à vendre des objets venus de Chine. Petitement au début, puis cette activité a pris tout mon temps. Enfin presque. Dans mon arrière-boutique, j'ai commencé à noter mes souvenirs pour "Le palanquin des larmes".

Quelles sont tes premières impressions sur la France ?
Certains couchers de soleil parisiens me rappelaient avec nostalgie ceux de Shanghai. L'odeur de la Seine aussi était la même que celle de mon fleuve. Et puis je fus éblouie par le Paris illuminé. Tout était neuf pour moi. Nous étions dans les années 60. Depuis je vis à Paris mais je reste profondément attachée à mon pays natal.

Face à la mer de Chine, Shanghai c'est aujourd'hui, 20 millions d'habitants sur 522 km².

PHOTOS DE SHANGHAI : LAURENT SAUERWEIN

La bibliothèque de JB

Si vous avez aimé
Le palanquin des larmes
et si la **Chine** *vous intéresse,*
découvrez ces romans :

Balzac et la petite tailleuse chinoise ● ● ●
Pendant la révolution culturelle en Chine, un étudiant
envoyé à la campagne pour être "rééduqué",
se met à lire des œuvres interdites à une jeune
couturière... Les œuvres sont signées Balzac.
Drôle, tendre et féroce.
de Dai Sijie, Gallimard Folio

Comment Wang Fo fût sauvé ●
Lorsque le vieux Wang Fo peignait un cheval,
l'animal était tellement réaliste qu'il fallait
l'attacher pour l'empêcher de s'enfuir...
Un conte magique sur le pouvoir de l'art.
de Marguerite Yourcenar, Gallimard Folio

Vent d'est, vent d'ouest ● ●
Une jeune femme élevée dans les vieilles
traditions chinoises se retrouve l'épouse
d'un homme éduqué en Occident.
Une magnifique histoire d'amour.
de Pearl Buck, Le Livre de poche

Un enfant tombé du ciel ● ● ●
Le destin, de l'enfance à l'âge adulte,
d'un orphelin déposé un jour à la porte
d'une famille aisée. Fascinant récit
par un très grand auteur chinois.
de Lao She, Éditions Picquier

**Propos recueillis par Claire Didier
Iconographie : Isabelle de Froment**

● facile   ● ● bon lecteur

● ● ● très bon lecteur

Le **style**
du "Palanquin
des larmes"

Chow Ching Lie n'a pas
écrit elle-même "Le
palanquin des larmes".
Tout commence lorsque
l'écrivain, Georges Walter
fait la connaissance de la
jeune pianiste chinoise
venue s'installer à Paris.
En écoutant Ching Lie,
il se rend compte que sa
biographie pourrait
donner lieu à un livre
exceptionnel. Alors,
petit à petit, Ching Lie
lui a livré toute l'histoire
de sa vie. Ce fut pour elle
une épreuve terrible.
Georges Walter lui a
même proposé
d'arrêter le projet
quand les souvenirs
devenaient trop
pénibles. "Des
larmes, elle en a
versé plus d'une"
dit-il. Mais Ching Li
avait décidé d'aller
jusqu'au bout. C'est
ainsi que cette histoire
vraie a vu le jour, écrite
dans un style simple et
clair, fidèle aux souve-
nirs d'une femme au
destin exceptionnel.

Le mois prochain : "Trois hommes dans un bateau" *de J. K. Jerome*

> mars **actus**

Shan Sa, poète à 8 ans

©CATHERINE CABROL

Le 19 mars, le Salon du livre de Paris ouvre ses portes avec, comme pays invité, la Chine. Parmi les écrivains chinois vivant en France, Shan Sa est l'une des plus connues. Elle a commencé à publier des poèmes dès l'âge de 9 ans. Pour JB, Shan Sa évoque son enfance de poète en Chine...

Un des premiers livres de poèmes de Shan Sa : "La libellule rouge."

Comment avez-vous commencé à écrire ?

À 7 ans, ma mère m'a offert un journal intime en me disant qu'il fallait que j'écrive une page par jour et que, chaque soir, elle me corrigerait ! Comme je ne voulais pas que ma mère connaisse mes pensées, j'ai décidé d'inventer un conte par jour : sur les animaux, les objets, les arbres, la nature, les étoiles...

Comment en êtes-vous venue à la poésie ?

Parce que c'est le genre littéraire le plus court. Un conte chaque jour, ça me prenait beaucoup de temps. J'avais envie de jouer, alors j'ai négocié avec ma mère. Elle a accepté que je remplace les contes par des poèmes. Au bout d'un an, j'avais donc écrit 365 contes et poèmes. Un ami de mon père qui était éditeur s'est intéressé à mes cahiers et a demandé à deux grands écrivains chinois de les lire. Ce sont eux qui m'ont aidée à les faire publier...

Que ressent-on à écrire et publier si jeune ?

Publier, surtout dans les revues prestigieuses, est une grande émotion. L'écriture, c'est un vrai dialogue que j'ai avec moi-même et que j'aime. Mais, à l'école, j'ai mal vécu d'être différente. Aucun de mes amis n'a accepté ça. Ils me méprisaient parce qu'ils trouvaient idiot de publier des poèmes. Et puis, pour avoir des copains, il faut être très disponible. Moi, je n'avais pas beaucoup le temps de jouer.

Et à l'adolescence ?

Vers 14 ans, j'ai arrêté d'écrire. J'étais rebelle, je rêvais d'être vagabonde. Puis, il y a eu les événements de Tien An Men. Le gouvernement chinois a écrasé les manifestations d'étudiants et j'ai su que ça me serait insupportable de devenir écrivain en Chine. Mon père avait des amis en France car il y donnait des conférences. À 17 ans, j'ai débarqué en France, je ne parlais pas du tout français.

Comment en êtes-vous venue à écrire des romans en français ?

Je suis allée dans un lycée, j'ai passé le bac, tout en apprenant le français et j'ai commencé des études de philosophie. Pour moi, le français est une langue philosophique alors que le chinois est un langue poétique. Lorsque j'ai vu que j'étais capable d'écrire une dissertation en français, j'ai rêvé d'écrire un roman. Voilà, maintenant, j'ai écrit quatre romans, toujours en français. D'ailleurs, je pense en français. Même si je reste chinoise, je me considère comme un écrivain français.

Propos recueillis par Stéphanie Janicot

DR

Shan Sa, à l'époque où elle commence à publier ses poèmes.

Les livres de Shan Sa

Si vous êtes bons lecteurs, lisez :

Les quatre vies du Saule
À quatre moments différents de l'Histoire de la Chine, un homme et une femme se retrouvent pour vivre une histoire d'amour. (Le Livre de Poche)

La joueuse de Go
Une jeune Chinoise noue une relation ambiguë avec un soldat Japonais autour d'un jeu de go. (Le Livre de Poche)

Si vous êtes très bons lecteurs, plongez-vous dans :

L'impératrice : c'est l'histoire invraisemblable, et pourtant vraie, d'une célèbre impératrice chinoise au VIIème siècle. (Albin Michel)

coup de cœur

Le mystère de l'Étoile Polaire

La suite des aventures de Sally Lockhart, plus palpitantes que jamais...

L'histoire

Dans l'Angleterre du XIXème siècle, Sally Lockhart est une héroïne extraordinaire. Amoureuse de Frédérick, un photographe, elle refuse de l'épouser afin de rester indépendante. Elle exerce le métier de conseillère en placements financiers. C'est pour venir en aide à l'une de ses clientes, ruinée par des malversations, qu'elle se retrouve sur la piste d'un homme d'affaires suédois très dangereux. Cet homme est prêt à détruire tout ce qui se dressera entre lui et sa mystérieuse entreprise "L'Étoile Polaire". Pour Sally, tous les moyens sont bons afin de poursuivre son enquête : séances de spiritisme, espionnage, prises de risques maximum...

L'avis de JB :

Un vrai mystère, un bon suspense, c'est déjà un grand moment d'aventures. Mais en plus, les personnages sont profonds, complexes, parfois ambigus. Et la fin est vraiment surprenante.

Illustration : Erwann Surcouf

● ● "Le mystère de l'Étoile Polaire" de Philip Pullman. Folio junior. 5,60 €

Extrait

"- Combien de personnes avez-vous tuées, monsieur Brown ?
- Vingt et une.
- Vous êtes un expert en la matière. Et quelle est votre méthode ?
- Cela dépend des circonstances. Si j'ai le choix, j'utilise le couteau. C'est comme un art.
- Et vous êtes sensible à l'aspect artistique ?
- Je tire fierté de mon travail, comme tout bon professionnel. (...) Qui est le client ? demanda M. Brown en sortant de sa poche un carnet et un crayon.
- Une jeune femme. Avec un gros chien."

● facile   ●● bon lecteur   ●●● très bon lecteur

En avant pour l'Aventure...

> Chine

Haoyou, fils du ciel ●●●

À la mort de son père, Haoyou commence à fabriquer des cerfs-volants pour gagner de l'argent. Bientôt, il se met à voler, porté par le vent. Puis il va attirer un puissant seigneur qui veut faire de lui une arme de guerre. Au fil de ses aventures, le bon Haoyou apprend à ne pas se fier aux apparences et à réfléchir par lui-même. C'est un joli roman initiatique.

> de Geraldine McCaughrean. Folio Junior. 6,40 €

> Brésil

Reine du fleuve ●●

Maia, orpheline, grandit dans une pension pour jeunes filles en Angleterre. Quand on lui annonce qu'on lui a trouvé de la famille au Brésil, elle se réjouit. Mais dès son arrivée en Amazonie, elle comprend qu'on la fait venir pour son argent. Heureusement, elle est bien entourée : une gouvernante dévouée, un jeune garçon intrépide et amoureux, des Indiens qui l'adorent... Ce grand roman exotique devrait vous faire rêver...

> de Eva Ibbotsoni. Albin Michel, Wiz. 13,50 €

> Pérou

BD : La nuit de l'Inca ●●

Le soleil a cessé de briller. Pour le faire revenir, le grand prêtre décide d'organiser un immense sacrifice humain. Un jeune berger manchot s'élève contre cette cruauté. Il dit que les Dieux lui parlent et demande à rencontrer l'Inca, celui qu'on appelle "le fils du soleil". Une histoire touchante dans une somptueuse ambiance rouge et or.

> de Vehlmann et Duchazeau. Poisson Pilote. 9,45 €

> Océan Indien

Le trésor des forbans ●

En espionnant des pirates emprisonnés sur son île, Bastien découvre qu'un trésor est caché dans une grotte. Assisté de sa petite sœur, il se lance dans l'aventure. Mais une nuit, les pirates s'évadent et la petite sœur disparaît. Bastien serait-il tombé dans un traquenard ? Un bon moment de détente.

> de Daniel Vaxelaire. Castor poche, Flammarion. 4,50 €

James Bonk

Paul Martin + Manu Boisteau

> livres

Réhabilitons les Dieux Égyptiens !

C'est sûr, vous en connaissez un rayon sur les dieux grecs. Impossible d'y échapper, ils sont partout. Mais que savez-vous des dieux égyptiens ? Hélas, comme nous tous, sans doute pas grand chose. C'est très injuste. Alors lisez cette histoire de rivalité entre les dieux Horus et Seth, racontée comme un roman à rebondissements. Vous verrez, les querelles familiales des bords du Nil n'ont rien à envier à celles de l'Olympe !

● "Au pays des Dieux Égyptiens", de Viviane Koenig. Livre de poche jeunesse. 4,50 €

> Science-fiction

Un amour d'éternité ● ●

Un homme du futur renonce à l'immortalité (il est en vie depuis 900 siècles) pour retrouver la femme qu'il a aimé au XXIème siècle. Romantique à souhait, l'histoire permet aussi de réfléchir sur le temps et la mort, sur ce qui fait le prix de la vie.

> de Christian Grenier.
Le Livre de poche jeunesse. 4,50 €

> Poésie

Dupuy et Berbérian (auteurs du "Journal d'Henriette") se lancent dans la poésie. Vos dessinateurs chéris illustrent ici des poèmes de Hugo, Baudelaire, Queneau, Desnos, Eluard et bien d'autres.
À savourer pour le "Printemps des Poètes" et plus si affinités…

Bayard Jeunesse. 17,90 €

3 raisons de lire

Chaân ●

1. Chaân est une héroïne préhistorique (sorte de Cro-magnon, sachant parler, penser, peindre…)
2. Chaân est une héroïne rebelle, qui veut chasser comme un garçon, et ne pas rester à la maison à coudre des peaux de bêtes.
3. Chaân est une héroïne généreuse qui n'hésite pas à se mettre toute la tribu à dos pour tenir une promesse faite à un défunt…

de Christine Féret-Fleury. Tome 1 : "La rebelle"; tome 2 : "La caverne des trois soleils" (sortie le 1er avril). Flammarion. 10 €

> Musique

Petit homme reggae ●●

Fin des années 70, en Jamaïque : les descendants des esclaves dansent au rythme du reggae, emmenés par le chanteur Bob Marley. Ritchie, petit voyou des bidonvilles, rêve de devenir chanteur et de monter son propre groupe. Son grand-père le fait engager comme aide cuisinier chez Bob Marley lui-même. L'aventure musicale commence, mais Ritchie n'a pas fini de s'interroger : pourquoi Bob Marley s'intéresse-t-il à lui ?
> de Christian Moire.
Éditions Thierry Magnier. 7 €

> Voyage

Sur le fleuve ●●●

Un missionnaire doit descendre en pirogue le long d'un fleuve d'Afrique afin d'amener sa fille mourante à l'hôpital. Chaque soir, il accoste dans un nouveau village et découvre une culture, des traditions qui l'envoûtent. D'étape en étape, l'enfant guérit. C'est la magie de l'Afrique !
> de Hermann Schulz.
École des Loisirs. Médium. 9 €

J'ai lu, j'ai aimé...

> Julie, 14 ans

J'ai beaucoup aimé "La déroute" de Melvin Burgess. C'est l'histoire de trois enfants qui vivent dans une décharge et découvrent un bébé kidnappé... Ce livre émouvant parle d'une réalité bien triste qu'on ne connaît pas.

> Aurélien, 12 ans

Lisez "Le prestige de l'étalon noir" de Walter Farley. C'est magnifique. Pour tous ceux qui aiment les chevaux et les courses de chevaux.

> Mélody, 12 ans

"Père Loup" de Michel Grimaud : Le clown Antoine s'enfuit du cirque avec un vieux loup qu'il a élevé, car le directeur menace de l'abattre... Vont-ils s'en sortir ? Vous le saurez en lisant ce livre !

Concours JB

C'est fini le concours... Fred Vargas a choisi les gagnants et nous à JB, on les connaît ! Les prix seront remis le 23 mars au Salon du livre de Paris, et vous pourrez lire la liste des lauréats sur notre site web dès la fin mars et dans le JB du mois de mai 2004. Bravo à tous !

Ce mois-ci dans OKAPI, "Tes profs et toi", un sondage exclusif sur le collège. Découvrez aussi la mode "in Japan", en suivant Shoichi Aoki, un photographe de mode qui parcourt sans relâche les coins les plus branchés du Japon, à la recherche des looks les plus originaux. Et vous apprendrez plein de choses sur le don d'organes...

Okapi N° 755, 1er mars 2004. 4,90 €

> livres

● facile   ●● bon lecteur   ●●● très bon lecteur

> Polar
Tipaza mon amour ●●
Léa ne supporte plus le lycée. Amoureuse de Brahim, elle le persuade de braquer une station-service et de fuir pour l'Algérie. Brahim n'ose pas dire qu'il ne veut pas s'engager dans cette galère. Il est bon élève, il a envie de travailler et de s'en

sortir honnêtement. À la dernière minute, il laisse tomber Léa, qui va se débrouiller toute seule. Un roman noir classique, assorti d'une belle étude de caractères.
> de Stephanie Bensone. Syros, Rat noir. 7,50 €

> Société
L'inconnu du blockhaus ●

Un SDF se réfugie dans un blockhaus et tente de survivre en faisant des petits boulots. Sa solitude lui pèse plus que tout le reste. Lorsqu'il rencontre Paul, douze ans, il a l'impression que sa vie s'illumine. Mais le gamin est mystérieux. Pourquoi est-il si libre de faire ce qu'il lui plait ? Que font ses parents ?
L'amitié, l'attention, l'affection vont les faire peu à peu renaître tous les deux.
> de Laurence Pain. Casterman. 7,50 €

Piquez-le aux adultes !
Globalia ●●●●
Cette grande fresque futuriste met en scène Globalia, une démocratie idéale et mondiale qui assure à ses citoyens la sécurité, la prospérité et la "liberté". Mais pour le jeune Baïkal, c'est insuffisant. Il veut connaître les zones interdites où (disent les gouvernants) prolifèrent des mouvements terroristes… Si vous êtes très bons lecteurs, vous apprécierez cet univers

de science-fiction, teinté d'ironie sur notre société actuelle, que l'auteur considère comme ennuyeuse et politiquement tiède.
> de Jean-Christophe Rufin. Gallimard. 21 €

> Magie
Les chroniques de Spiderwick ●
Trois enfants récemment installés dans une vieille maison découvrent qu'un mystérieux occupant (un elfe ? un farfadet ? une fée ?) leur joue de méchants tours. Comment entrer en contact avec lui ? D'une lecture très facile, cette histoire est un bon divertissement.
> de Tony DiTerlizzi et Holly Black. De la Martinière, Pocket jeunesse.
Tome 1 : Le livre magique, 11,95 €
Tome 2 : La pierre féerique, 11,95 €

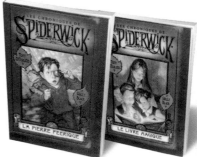

Sélection : Stéphanie Janicot

90

Découvre LE nouveau site des ados

www.okapi-jebouquine.com

Pour mieux le connaître en t'amusant, tous les 15 jours, un nouveau test.

En avant-première le roman Je bouquine du mois.

Pour donner ton avis, poser tes questions, partager tes coups de cœur et tes coups de gueule, les forums.

Surfe, discute, échange sur www.okapi-jebouquine.com

La jeune fille

à la perle

L'histoire

Nous sommes en Hollande, à Delft, en 1665. La jeune Griet est engagée comme servante dans la maison du peintre Vermeer. Le maître prend peu à peu conscience de la sensibilité de la jeune fille, de sa douceur et de son intelligence : ces qualités les rapprochent jusqu'à ce qu'il lui demande de poser pour un tableau. Le lien qui se tisse entre ces deux-là est si fort que la jalousie s'empare peu à peu du reste de la maison...

Le Personnage

Imaginée par l'écrivain Tracy Chevalier dans son très beau livre, Griet a t-elle existé ? On connaît beaucoup de choses sur l'époque, ainsi que sur le travail de Vermeer. Mais l'identité du modèle du célèbre tableau, "La Jeune-fille à la perle"(exposé au musée Muristhuis de La Haye, aux Pays-Bas), reste encore un mystère. Tracy Chevalier possédait un poster de ce tableau dans sa chambre d'adolescente et s'était toujours demandé pourquoi la jeune fille paraissait à la fois si heureuse et si triste. L'hypothèse qu'elle offre dans son roman ne pouvait que séduire le cinéma.

Le livre

Délectez-vous, léchez-vous les babines à l'avance ! Car vous allez pouvoir vous plonger dans un livre merveilleux, fin, subtil, tout en suggestion. L'auteur, Tracy Chevalier, semble écrire comme peignait Vermeer : lentement, en étudiant les zones d'ombre et de lumière, avec réalisme. La vie de la jeune Griet, la pauvreté de sa famille, son chagrin lorsque la peste envahit son quartier et emporte sa sœur, sa fascination pour le peintre, son maître, sa rivalité avec l'une des filles de la maison, tout est décrit en profondeur, sans lourdeur. Tracy Chevalier réussit aussi cet exploit de maintenir le suspense : Griet parviendra-t-elle à garder son poste de servante dans cette maison, alors que les tensions entre Vermeer et sa femme ne cessent de croître ?
Pour très bons lecteurs.
S.J.

Japp Euitendijk

L'actrice

Scarlett Johansson aura 20 ans à la fin de l'année. Elle possède déjà une quinzaine de films à son actif et se révèle une valeur sûre du cinéma américain de demain. Elle a éclaté à 12 ans dans "L'homme qui parlait à l'oreille des chevaux" de Robert Redford. Elle a également tourné avec Terry Zwigoff ("Ghost World") et les Frères Coen ("The Barber"). Elle triomphe actuellement dans "Lost in Translation" de Sofia Coppola.

De Peter Webber avec Scarlett Johansson, Colin Firth, Tom Wilkinson... Sortie le 3 mars.

EXTRAIT

"Je m'efforçai de lever mes yeux vers les siens. À nouveau, je ressentis comme une brûlure, mais je supportai en silence l'épreuve qu'il m'imposait.

Bientôt, j'eus moins de mal à le regarder dans les yeux. Il me regardait comme s'il ne me voyait pas, comme s'il voyait quelqu'un ou quelque chose d'autre. Comme s'il regardait un tableau.

Il étudie la lumière sur mon visage et non pas mon visage lui-même, me dis-je. Voilà toute la différence."

"La jeune fille à la perle" de Tracy Chevalier, Folio, page 244.

La photo du mois

Le père de Will s'est réfugié dans un monde où l'**imaginaire** est roi. Au moment de devenir papa lui-même, Will tente une dernière fois de comprendre ce père **fabulateur**. Et à nouveau, il l'écoute raconter l'histoire du jour où il a pêché le plus gros poisson de la rivière, et celui où sa voiture est restée accrochée dans un arbre, et sa rencontre avec la sorcière, le géant ou les sœurs siamoises... Adapté d'un roman de Daniel Wallace, le dernier film de **Tim Burton** est, comme les précédents (sauf "La planète des singes", le plus moyen de ses films), une ode à la différence, au **rêve éveillé** et à la beauté de l'âme. **Fantastique, surprenant et plein de poésie. Magnifique !**

"Big Fish" de Tim Burton avec Ewan McGregor, Albert Finney, Billy Crudup, Marion Cotillard...

Brève

Pour 20 dollars, faites-vous appeler au téléphone par une star d'Hollywood. C'est malheureusement vrai, hélas... C'est une trouvaille de l'industrie du cinéma américain pour... gagner un peu plus d'argent ? Réhabiliter des stars en perdition ? Faire rire les lecteurs de JB ? En effet, pour 20 dollars, ne comptez pas sur Nicole Kidman ou Cameron Diaz. Vous vous contenterez plutôt d'une Cindy Margolis ou même d'un Lorenzo Lamas. Pour frimer, c'est un peu maigre, non ?

Ça tourne !

☺ In America

Une famille irlandaise essaie de retrouver le bonheur perdu suite à la mort de leur plus jeune enfant : les parents et les deux filles, Christy et Ariel, s'installent à New York, dans un immeuble délabré où les voisins sont bruyants et agressifs. Dans cette fable vue à travers les yeux (et la petite caméra numérique) de la fille aînée, il est question de chagrin et de reconstruction, de rêve et de survie, d'apparence et de réalité. Que les âmes sensibles préparent leur mouchoir ! À noter : les deux comédiennes, Sarah et Emma Bolger, sont vraiment sœurs dans la vie. Et elles sont impressionnantes à l'écran !

De Jim Sheridan, avec Samantha Morton, Paddy Considine, Sarah et Emma Bolger. Sortie le 25 février.

> ### > Kirikou 2
> Ce n'est pas une blague : suite au succès de son magnifique dessin animé, Michel Ocelot s'est remis au travail !
> ### > Lucky Luke
> Ce n'est pas une blague non plus. Ce sont Eric et Ramzy qui joueront les rôles de Joe et Averell.
> ### > Harry Potter 8
> Le roman n'est même pas sorti qu'il est déjà en tournage au cinéma. Non, c'est une blague, me dit-on. Dommage.

Alors, ça vient ?

> **21 avril.** *"The Alamo"*, un western avec Dennis Quaid et Billy Bob Thornton. Le retour de David Crockett qui, avec 200 hommes, résiste à l'armée d'invasion mexicaine. Une histoire très américaine, non ?
> **28 avril.** *"Treize à la douzaine"* avec Hilary Duff... L'adaptation d'un roman jeunesse culte mettant en scène une famille de... douze enfants.
> **4 juin.** *Le retour du roi Harry Potter 4*. Non 3. Euh 6 ? 2 ? Bon, si je compte bien on en est au livre 5 donc le film doit en être au 4. Ah, on me dit à l'instant que non, il s'agit bien de la sortie du film "Harry Potter 3, Le prisonnier d'Azkaban" dans lequel on espère que Gollum récupérera enfin son anneau...

James Bonk

Paul Martin + Manu Boisteau

Et aussi…

Dans "Retour à Cold Mountain", Nicole Kidman est une fille de pasteur, élégante, qui doit apprendre la rude vie de fermière pour survivre. Jude Law, lui, subit les horreurs de la Guerre de Sécession, entre le Sud et le Nord de l'Amérique. Furieusement romanesque ou juste long et boursouflé ? À vous de voir…

Phil Bray

De Anthony Minghella, avec Nicole Kidman, Jude Law, Renee Zellweger…

Dans "Les Rivières pourpres 2 - Les anges de l'Apocalypse", c'est Benoît Magimel qui représente la jeune génération des policiers face au vieux loup interprété par Jean Reno. Ultra violent et obscurantiste (les anges du titre éliminent un à un les membres d'une confrérie), ce film s'adresse aux plus grands d'entre vous, si vraiment vraiment vous y tenez…

D'Olivier Dahan, avec Jean Réno, Benoît Magimel…

😐 Paycheck

Adapté d'un roman de l'auteur de S-F Philip K. Dick, comme "Blade Runner" et "Minority Report", ce film leur ressemble un peu et sa trame compliquée s'adresse aux plus grands d'entre vous. Le problème, c'est que Ben Affleck manque ici singulièrement de charisme. Du coup, malgré la poudre aux yeux de la mise en scène de John Woo, on est condamné à admirer seulement Uma Thurman (ce qui n'est pas si mal) et à compter les imperfections d'une histoire abracadabrante.

> De John Woo, avec Ben Affleck, Uma Thurman, Aaron Eckhart…

Dou

😐 Le Secret des frères Mac Cann

Un jeune garçon est laissé par sa mère dans la ferme texane de ses oncles, deux vieux fous dont certains prétendent qu'ils sont milliardaires. D'abord effrayé, l'adolescent va peu à peu entrer dans l'univers fantasque de ces hommes, qui font pousser du maïs, achètent une vieille lionne fatiguée et lui racontent des histoires à dormir debout. Un petit film à la trame classique qui tient surtout par les acteurs. Vous connaissez déjà Haley Joel Osment, du "Sixième sens" et de "A.I. intelligence artificielle", mais vous découvrirez

sans doute pour la première fois deux vétérans du cinéma à la filmographie impressionnante, l'un anglais, l'autre américain : Michael Caine et Robert Duvall.

> de Tim McCanlies, avec Haley Joel Osment, Michael Caine, Robert Duvall…

Il n'y a pas que le cinéma dans la vie...

> Manga

Basara

Âge : 16 ans.

Origine : Japon du XXᵉ siècle.

Son problème : Pour éloigner le spectre d'une sombre prophétie, le tyran Roi Rouge a fait assassiner son frère. Alors, Sasara prend l'identité de son frère...

Au menu : Moyen Âge et science-fiction, complot politique et amour. Le tome 13 de la série Basara vient de sortir et vous fera... pleurer ! Un très bon shojo.

De Yumi Tamara. Kana

> *« J'aime pas les hommes qui me déchirent
> J'aime pas les femmes qui me consolent
> Lorsque les hommes veulent revenir
> Ces mêmes femmes me les volent... »*

> Extrait de la chanson "J'aime pas les femmes" de Lynda Lemay.

> Jeu vidéo

XIII

Toujours à l'affiche pour les fans de BD et de jeux vidéo, voici XIII, une très bonne adaptation de la série culte de Vance et Van Hamme. Le joueur interprète le héros de la BD, un amnésique qui se bat pour retrouver la mémoire, dans un monde rempli de tueurs, d'argent, de complots, bref un monde de méchants... Un bon jeu d'action qui obtient la mention très bien pour l'aspect BD des graphismes !

> Ubisoft/ PS2, XBOX, GC, PC

Jean-François Bérubé

Pages réalisées par E. Viau

Et aussi...

> En attendant le championnat d'Europe, en juin, et les jeux vidéos qui vont en découler, vous pouvez entraîner notre super Thierry Henry dans ce FIFA 2004, un jeu dont on ne se lasse toujours pas.

" Il est aussi difficile à un poèt[e] de parler poésie qu'à une plant[e] de parler d'horticulture. "
Jean Cocteau

Faites de la poésie

La poésie, c'est simple, c'est beau, c'est ludique...
Voici huit pages qui sont donc destinées à vous amuser,
à vous faire rêver et à vous inspirer. Servez-vous et
n'oubliez pas de participer à notre concours (page 104)
en compagnie de Mickey 3D
et du Printemps des Poètes !

Le Printemps des Poètes, c'est une manifestation qui se déroule du 8 au 14 mars et qui met bien évidemment la poésie à l'honneur, dans toute la France, par tous les moyens et en tous lieux : de jour comme de nuit, en librairie, dans le métro, les écoles, les rues et les théâtres... Passez à l'action, faites débouler la poésie chez vous, dans votre vie, vite !
Thème du Printemps des Poètes 2004 : l'espoir !
Un site à consulter d'urgence, pour connaître le programme dans votre région et pour tout savoir sur la poésie :
www.printempsdespoetes.com

le PRINTEMPS des POÈTES

Mickey 3D
"Y a pas de recettes pour écrire..."

Mickey, c'est le chanteur-auteur-compositeur du groupe Mickey 3D, qui vient de sortir un chouette album "Live à Saint-Etienne". "Respire" et "J'ai demandé à la lune", figurez-vous, c'est lui qui les a écrites : alors on lui a demandé d'être le Président de notre concours Graine de Poète.

Comment écrivez-vous les chansons ?

Il me faut du calme. Alors, plutôt chez moi que pendant les tournées...

Qu'écrivez-vous en premier : les paroles ou la musique ?

Il n'y a pas de recette idéale pour faire une chanson. Certains morceaux partent du texte, d'autres de quelques accords de guitare. Cela dépend de pas mal de choses, du moment de la journée (ou de la nuit) où arrive l'inspiration. Non vraiment, je n'ai pas de recette. Du coup, certaines chansons sont très rapidement écrites, en quelques minutes. Et d'autres prennent des mois !

> le Printemps des Poètes

Mickey 3D

" Ne publiez pas vos poèmes, chantez-les. "
Charles Trénet

Photos : Olivier Wetzel

Comment est née la chanson "Respire" ?

L'idée de départ m'est venue chez moi, à la campagne, en regardant la nature, mais j'ai mis plusieurs mois à écrire le texte. Pour "J'ai demandé à la lune", la chanson que j'ai écrite pour Indochine, c'est venu beaucoup plus rapidement.

Votre thème d'écriture préféré ?

Je m'inspire souvent de la vie de tous les jours et de la vie de monsieur tout le monde. Dans l'ensemble, j'aime bien la légèreté.

Écrivez-vous de la même façon pour Mickey 3D et pour les autres (Indochine par ex) ?

Non. Quand j'écris pour les autres, j'essaye de me mettre à la place de la personne qui va interpréter le morceau. Je lui écris quelque chose qui va lui ressembler.

" Toutes les choses ont leur mystère, et la poésie, c'est le mystère de toutes les choses. "
Federico García Lorca

> **"Faire pipi dehors est une des joies de la vie à la campagne, un vrai moment de poésie."**
> Stephen King

Les mots auxquels le concours "Graine de poète 2004" a échappé ?

Le mot "con", j'aurais bien aimé voir ce que pouvaient écrire les jeunes à partir de ce mot, ce que ça leur inspirait ; mais comme c'est un gros mot, je l'ai remplacé par nul.

Qu'aimez-vous lire ?

Adolescent comme maintenant, j'ai toujours préféré la poésie au roman : Prévert, Rimbaud, Baudelaire, Robert Desnos, Aragon...

Quelle question souhaiteriez-vous vous poser ?

Où vous emmènent les livres ?

Et que répondriez-vous ?

Loin des soucis du quotidien.

Propos recueillis par E. Viau

Qui a écrit quoi ?

"On a discuté
Jambon purée bougie
Gabriel Fauré
Mozart Laurent Voulzy
Assis en tailleur
Face à Modigliani
Sur Karin Redinger
Tu m'as dit bien sûr que si"

"J'cloue des clous sur des nuages
Un marteau au fond du garage
J'cloue des clous sur des nuages
Sans échafaudage "

"Alors voilà petit, l'histoire de l'être humain
C'est pas joli joli, et j'connais pas la fin
T'es pas né dans un chou mais plutôt dans un trou
Qu'on remplit tous les jours comme une fosse à purin"

"Il dit non avec la tête
mais il dit oui avec le cœur
il dit oui à ce qu'il aime
il dit non au professeur
il est debout
on le questionne
et tous les problèmes sont posés
soudain le fou rire le prend
et il efface tout
les chiffres et les mots..."

RÉPONSES : 1. Vincent Delerm, 2. Mickey 3D, 3. Alain Bashung, 4. Jacques Prévert

> le Printemps des Poètes

Jean-Pierre Siméon
"Un bon lecteur de poèmes est un mauvais lecteur*..."

Jean-Pierre Siméon est romancier, dramaturge, journaliste et professeur de lettres. Il a écrit des livres pour la jeunesse et c'est aussi le directeur artistique du Printemps des Poètes. Mais surtout, il est poète. Vous ne pensez pas qu'il était temps qu'on lui pose deux ou trois questions ?

* Cette phrase vous choque ? Mais non, lisez la suite dans le très beau livre de J-P Siméon "Aïe un poète" (Seuil). Il s'adresse à tous ceux que la poésie intimide, effraie, fascine. Bon allez on vous met la fin de la phrase : "... il lit lentement et ne cherche surtout pas à comprendre tout de suite, il accepte avec plaisir de ne pas tout comprendre."

Comment écrivez-vous vos poèmes ?

Quand j'écris des poèmes, c'est toujours dans l'idée de faire un ensemble, un livre. Un livre me demande plusieurs mois de réflexion, de rêverie, d'écriture et de réécriture. Je n'écris pas chaque jour forcément, mais j'y pense chaque jour. Je peux écrire n'importe où, chez moi, dans un train, dans un café (d'ailleurs je n'écris jamais un poème assis à un bureau). C'est beaucoup de travail, c'est lent, mais c'est passionnant. Le plus difficile, c'est de réécrire, de reprendre, de supprimer ce qu'il y a en trop pour arriver au plus juste.

Quels conseils donneriez-vous aux poètes en herbe ?

Obligatoire d'abord : lire, beaucoup lire de poésie, d'hier et d'aujourd'hui, française et étrangère. Comme quelqu'un qui veut

Un cadavre ? C'est exquis !

Le cadavre exquis a été inventé par les artistes surréalistes. Il s'agit de coller des mots ensemble pour faire des phrases qui n'ont certes, ni queue ni tête mais qui sont jolies, drôles ou bizarres, et donc poétiques. Pour en fabriquer, placez dans des bols des petits bouts de papier avec un mot écrit sur chacun d'eux. Veillez à ce qu'il y ait un bol avec les articles, un autre avec les noms, et ainsi de suite avec les verbes et les adjectifs. Ensuite ? Tirez au sort dans chacun des bols... vous risquez de tomber sur une phrase du genre :

"Les citrouilles décollent méchamment mes rotules électriques."

Sinon, surprise, vous pouvez consulter le site
http://mandragore.lautre.net/poilaunez/pageaccueil

"Les poèmes font la poésie comme les herbes font le champ."

Jean-Pierre Siméon

devenir footballeur regarde beaucoup de matchs, regarder comment font les meilleurs, les Zidane et Henry. Il faut sans doute commencer par imiter. Il n'y a pas de "trucs". C'est affaire de patience et d'obstination. On apprend petit à petit, comme pour la musique, la danse… ou le ski. C'est après avoir pris beaucoup de bûches qu'on commence à faire des virages souples… Le plus important, c'est de savoir prendre le temps : on n'écrit pas un poème en un jour !

Y a-t-il une différence entre poème et poésie ?

Les poèmes font la poésie comme les herbes font le champ. Une herbe ne fait pas un champ, et un poème n'est pas la poésie. Une poésie, c'est toujours un ensemble de poèmes. Donc on emploie à tort le mot poésie pour dire un poème, par exemple quand on dit : "je vais apprendre une poésie"…

Propos recueillis par E. Viau

> **Mots préférés :** barque, épaule, nuit, vent, silence, chant, ville, rumeur, mur, etc.

> **Mots rigolos :** moustache, schtroumpf, bachi-bouzouk et Castafiore, pantoufle, Héautoutimorouménos, Recatoupilu (un titre de Jean Tardieu)

> **Mots pas beaux :** robotique, Cac 40, trigonométrique, cash, crash

> **Mots doux :** neige, visage, violoncelle, herbes, murmure

> **Gros mots :** sapristi, crénom, nom d'un chien, nom de diou qué couillon !, merdre !

Pour le concours "Graine de poètes" (cf page 104) le groupe Mickey 3D nous a donné 5 mots : NUL, DEMAIN, CAUCHEMAR, VICTOIRE, SUPER. Aux lecteurs d'inventer une chanson, une poésie avec ces mots…

Le poème de J.-P. Siméon*

Chez moi
dans mon pays silencieux et lent
pas de héros
de superman
nul bruit de tambour
nul chant de victoire
Chez moi
seule la main chante
tendue vers ton visage
il faut sourire,
sourire jusqu'à demain
pour sortir les pieds
du cauchemar

Le poème de JB (merci à E. Viau*)

Nous étions jeunes,
nous étions fous
et nous chantions :
"Demain, nous irons
En champions
Vers la victoire."
Las ! Supers nous n'étions pas !
Juste nuls
Ce n'était pas une victoire
Juste un cauchemar :
Le PSG nous en avait planté quatre.

*Monsieur Siméon, vous n'aurez pas de prix. Votre poème est très beau mais vous êtes hors concours. Le mot superman n'est pas accepté ! C'est le mot "super" qu'il fallait utiliser. Par exemple **super** héros.

*Monsieur Viau vous n'aurez pas de prix non plus. Ce concours est réservé aux moins de 16 ans. Il fallait vous réveiller avant ! (La rédaction)

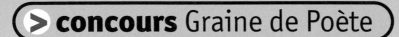

> **concours** Graine de Poète

Écrivez un poème avec

Mickey 3D vous donne cinq mots avec lesquels vous devez composer un poème ou une chanson. Et c'est Mickey qui choisira les meilleurs textes. Allez-y, respirez un grand coup et... écrivez ! Les meilleurs seront publiés.

Les 5 mots à utiliser :

cauchemar   **victoire**

nul

demain   **super**

Photo : Richard Dumas

Mickey 3D

50 lots à gagner !!!

> **1er prix**

Une console de jeux Nitendo Game Cube

> **du 2e au 21e prix**

Un album de Mickey 3D

> **du 22e au 41e prix**

Un lot de 5 stylos Gel Wave

Reynolds

Comment participer ?

Écrivez votre poème sur papier libre (maximum 12 vers) en reprenant les 5 mots de Mickey 3D. Envoyez-le avant le 31 mars 2004 minuit à : Concours JB/Graine de poète Cedex 2740 - 99274 Paris Concours. N'oubliez pas d'écrire lisiblement vos nom, prénom, adresse, ville, numéro de téléphone et votre âge.

> **du 42e au 50e prix**

Un livre Bayard Jeunesse "Firewing"

> **bonne** humeur/**mauvaise** humeur

> *- Allô ? Ici Bonne Humeur, je répète, ici Bonne Humeur. Tout va bien, ici ! Et vous ? Répondez...*
> *- Oui ? Ici Mauvaise Humeur. On vous reçoit, Bonne Humeur. Là, ça va pas. À vous...*

Si tu pouvais enlever le "10-15 ans" de la couverture ou à la rigueur, le remplacer par "à partir de 10 ans" ou "pour la jeunesse et plus" ou même "pour tous ceux qui aiment lire"... Parce que voilà trois ans que j'ai dépassé l'âge limite, mais je suis toujours abonnée (avec mes petites sœurs) et je te lis tous les mois !

> Noémie, 18 ans Grenoble/Chambéry

Merci ! On est un peu obligé de mettre un âge pour que les gens sachent à qui s'adresse JB.

L'album est sorti

depuis le 2 septembre, on ne pouvait pas passer à coté ! Je veux parler d'ENHANCER, la bombe néo-métal de l'année, et je n'ai lu aucun article dessus dans JB. Ce groupe fait partie du collectif Nowhere (Aqme, Enhancer, Pleymo, Wünjp). Leur musique est un mélange de hip-hop et de son saturé bien métal. Ce sont Bill, le hurleur hardcore, Toni, le rappeur, et David, le chanteur, qui font l'originalité de ce groupe composé de 8 membres. Tout cet ensemble donne une énorme puissance au son...

> Nina, 14 ans, Paris

Eh bien voilà de la chronique CD qui tue. Bien joué Nina !

Depuis toute petite, je rêve d'être actrice. Mais j'habite Bourges et il n'y a jamais de casting !!!
Aide-moi, STP !

> Aude, 14 ans, Bourges

OK, on va t'aider mais tu risques de ne pas apprécier. Tu veux être actrice ? Commence par prendre des cours de théâtre (à Bourges, ça doit exister !). Surtout tiens-toi éloignée des castings télé qui sont destinés à ceux qui rêvent de passer un quart d'heure dans des émissions grotesques avant de finir dans l'oubli le plus total. Promis, juré, c'est par le travail que tu deviendras une actrice. Pas avec les castings.

Bonjour...
Je voudrais passer un casting pour jouer dans un film où je serais une tueuse psychopathe qui truciderait Jean-Pierre Foucault !
...

Lecteurs, un effort !

Les photos du mois ne sont pas extraordinaires ! Allez quoi, prenez et envoyez-en plus ! (OK, moi ça fait deux mois que j'attends que mon appareil soit développé...). Je voulais savoir aussi, quand on écrit et qu'on est publié, est-ce que tu corriges les fautes d'orthographe, ou alors un miracle fait que quand on écrit à JB, il est impossible de faire des fautes ?

> Olinwen, lectrice, fan et folle.

Hélas, pas de miracle. Bien sûr que l'on corrige vos fautes avant de vous publier. Mais on ne sera pas toujours là pour le faire ! Quant aux photos, nous, on les aime bien. Mais si tu as envie de te lâcher, vas-y !

Florence, 13 ans, Belgique

Faites-vous photographier et envoyez-nous votre photo préférée. Si elle est publiée, vous recevrez un livre, **en cadeau.** N'oubliez pas de joindre un mot de vos parents autorisant la rédaction à la publier.

Je trouve que la musique

du SdA est très bien. Tu as dit qu'elle était ratée et qu'ON ne l'aimait pas : tu peux changer et mettre "JE ne l'aime pas"...

> Clara

Non ! Beurk la musique du "Seigneur des Anneaux". Hououou ! Pouët pouët bralabroum boum tagadatsointsoin, voilà ce que c'est la musique du SdA ! Emmanuel

Votre dossier sur le SdA était tout bonnement super !!

Et les dessins étaient bien plus beaux que les images du film...

> Élodie, 16 ans, (92)

Stop !

Arrêtez la rubrique "c'est perso !" Franchement, je me moque de savoir que, ce que Laure préfère chez elle c'est son regard, que Jeanne n'est pas un clone ou que Cyril a des boutons sur la figure ! Que vient faire cette rubrique dans un journal comme Je Bouquine, sachant que je peux trouver la même dans n'importe quel autre magazine ?

> Odile, 14 ans, Lingolsheim

Eh bien parce que les lecteurs dans leur majorité, l'aiment bien. Et puis, dis-toi que ces anecdotes sont des... histoires ! Histoires vraies certes, mais histoires quand même. Et toutes les histoires ont leur place dans JB, non ?

Quand j'aurai

Si tous ceux qui nous ont écrit ce mois-ci pouvaient nous recontacter, quand ils auront 20 ans... Juste pour voir !

> J'espère juste faire **1 mètre 60** ! Pour vous, c'est rien, mais pour moi c'est **énorme**...

x

> Je jouerai à la Star Ac' ! Non je rigole, **j'aurai un groupe de hard rock ou de metal.**

Sophie, 12 ans, Nice

> **J'aurai** un appartement, un portable (si c'est pas déjà fait), j'espère aussi avoir un chien. J'irai faire les magasins à chaque fois que ça me chantera. Je vivrai avec mon petit copain. Franchement si tout cela se réalise ce sera UN GROS COUP DE BOL !

Anastasia

> Quand j'aurai 20 ans, **j'espère que** je serai toujours en vie...

x

> Je vivrai à Paris, avec mes amis et **pas dans un coin paumé.**

Pablo, 14 ans, La Haye que je hais

> Je serai **journaliste reporter** de renommée internationale et tous les garçons se traîneront à mes pieds. Mais avant cela, il va falloir que je me mette à bosser et que je me fasse faire un lifting.

x

Propos recueillis par Emmanuel Viau

> Quand j'aurai 20 ans, j'aurai un cours de philosophie **de 8h à 11h,** un cours d'astronomie **de 14h à 16h,** un laboratoire **de 17h à 18h,** un rapport et un bilan pédagogique de tutorat à écrire et une pratique de piano à faire...

Jeanne, 19 ans, 11 mois et 10 jours, Québec

> Je serai une bombe atomique, je me la "pèterai", j'aurai tous les mecs à mes pieds... Non, j'essaierai juste **d'être moi-même.**

Justine, 14 ans, Marseille

> ... Je partirai en vacances avec mes copines et mes copains, je serai **libre comme l'air !** Mais surtout, je continuerai mes études et je ferai des castings...

Hélène, 13 ans, Etiolles

> ... je ne souhaite qu'une chose, **être heureuse !**

Lucie, 13 ans, St-Martin-Le-Nœud

> Je pense qu'à 20 ans **je serai comme aujourd'hui,** juste avec quelques centimètres de plus, avec une voiture, en train d'étudier, d'écouter la même musique et de m'intéresser aux mêmes choses. Ce n'est pas parce qu'on a 20 ans qu'on doit être différent !

x

20 ans...

04/03/2004

09/03/2012

Stéphane Gouhier

> **À moi la liberté !** Mon studio, ma voiture, mon chat ! Je me vois à la faculté de médecine de Lille, en train de bosser pour devenir anesthésiste. Puis le soir, rentrer chez moi, faire ce que je veux...

Lucie, 14 ans et demi, Lumbres

> J'essaierai de me souvenir de ce à quoi je rêvais quand j'avais 14 ans. Et **je rêverai** de ce que je ferai à 30 ans !

Antoine, 14 ans, Clermont-Ferrand

> Je serai **super triste** parce que je serai trop vieille pour lire JB...

Margaux, 14 ans, Thumeries

> Un grand merci aux élèves de l'école primaire "Les Sources" à Crolles (38) et à leur professeur. Quand ces élèves **auront 20 ans**, se souviendront-ils de tout ce qu'ils nous ont écrit en 2004 ? Rêves, projets, espoirs, fantasmes...

Je Bouquine

Prochain sujet

Racontez-nous votre "sortie de classe la plus catastrophique", avant le 15 mars, par courrier ou à la rubrique forum (pour ou contre) de notre site : www.okapi-jebouquine.com

Les mangas...

On s'attendait à des ultra fans contre des giga anti ! Au résultat, beaucoup de passionnés et très très peu d'anti-mangas. Les mentalités changent, ouf !!!
Pour : 94 %
Contre : 6%

Plus facile qu'une BD, plus **EXCITANT** qu'un roman ! Je suis pour à 100%.
> Matéo, 13 ans

Ma mère est d'origine japonnaise, alors je n'ai vraiment rien contre les arts japonnais !!! Mais quand même : *je préfère mes bd* à leurs mangas !!!
> Phalène, 14 ans, Saint-Cloud

J'habite en Corée. J'ai lu beaucoup de mangas japonais et de mangas coréens. Je trouve que, dans ceux du Japon, il y a beaucoup plus de bagarres que dans ceux de Corée. Mais, bof..., *pour moi les mangas sont tous cools !*
> Ga-ie, 11ans, Séoul (Corée)

Je suis à **289,25%** pour les mangas ! C'est très bien écrit et surtout... le dessin est MA-GNI-FI-QUE !!
> Adèle, 13 ans et demi

C'est vrai, qu'au début, ce n'est pas très simple à lire, mais on s'y habitue vite ! Moi *je suis superfan* : les histoires sont très variées et les dessins sont super beaux ! C'est comme un roman, sauf qu'on est beaucoup plus dans l'action...
> ?

Propos recueillis par Emmanuel Viau.

Kiroyuki Takei/Kana

Tout le monde est, a été ou sera concerné par un manga. Je trouve cela *vraiment génial !*

> Ramy, Paris

Pour les filles, pour les garçons... Drôles, tristes, romantiques..., science-fiction, fantastique, humour, romantique, historique..., les mangas il y en a *pour tous les goûts* ! Si dans tout cela vous ne trouvez pas votre bonheur...

> Iris, Oppède

J'ai lu *"Nausicaä* de la vallée du vent" !!!!! Il est top ! Franchement, les mangas, c'est excellent, génial, top, super, bien, exquis...

> ?

Pour, pour, pour à *100 %*

> Un grand fan

N'allez surtout pas me dire que c'est mal dessiné, sinon *je vous étrangle !*

> Lyvia, 11 ans et demi

Les histoires sont toujours intéressantes, certaines sont *un peu compliquées mais* toujours remarquablement construites.

> Hélène, 13 ans, Colombes

La seule chose que j'aime dans le manga, c'est le graphisme du genre *"Chihiro"* ou *"Le pays des chats"*. "Dragon Ball", franchement, il y a mieux !

> Manon, 13 ans, St-Martin

ALLONS BON ?

Naoki Yokouchi/Pika Édition

Les dessins des mangas sont beaux et les personnages sont *super expressifs*. Les histoires sont bien mais il y a parfois trop de tomes.

> Adélie

Je n'aime pas les mangas car je trouve les *histoires trop spéciales*, trop farfelues...

> Ophélie, 13 ans, Belfond

Moi, ça me fait penser au cinéma. Un manga, c'est comme un film, mais par écrit. *Vous voyez ce que je veux dire ?* J'adore.

> Emma, 15 ans

Ce n'est pas que je raffole *des trucs japonais*, mais là, un manga, c'est quand même plus fort qu'une BD française un peu culcul...

> Adélaide, Levallois-Perret

J'aime les mangas mais je trouve qu'ils ressemblent un peu trop à des dessins animés, qu'*ils ne font pas assez réels.*

> Gabrielle

Prochain débat

Avez-vous aimé ou détesté le film "RRRrrrr !!!" ? Donnez-nous votre avis, avant le 15 mars, par courrier ou à la rubrique forum (pour ou contre) de notre site : www.okapi-jebouquine.com

L'amoureux, la nouvelle

Une comédie théâtrale en 3 actes et quelques scènes

Une pièce de théâtre, trois personnages et... quatre fins possibles : c'est vous qui allez en décider ! Cochez vos réponses à chaque scène. Additionnez-les et consultez le tableau de résultats pour connaître la dernière scène.

Acte 1 - Scène 1
L'amoureux est dans sa chambre. En fond sonore, une radio diffuse un match de foot. Assis à son bureau, il écrit... Il se relit à voix haute, avec application.

▲ $a^2 + b^2 = c^4$? d^2 ?

● Résultats du 10/03 Lyon bat PSG 1 à 0, Bordeaux bat Marseille 2 à 1...

▨ Mélissa. Depuis que tu es arrivée dans la classe, ma vie a changé.

★ Pfff, je sais pas quoi écrire.

Acte 1 - Scène 2
Soudain, il...

▨ ... éteint la radio.

▲ ... se lève, envoie tout promener.

● ... monte le son de la radio.

★ ... bâille, en s'étirant.

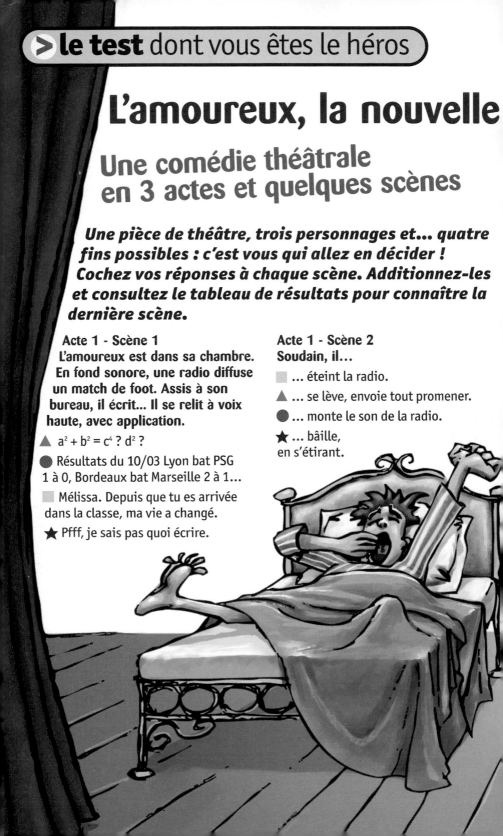

et le prof de maths...

Acte 1 - Scène 5
On frappe à la porte de la chambre. C'est la mère de l'amoureux. Que vient-elle lui annoncer ?

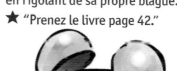 Téléphone pour toi, une fille...

● Ton père voudrait savoir si Monaco a gagné...

★ Il faudrait que tu sortes le chien avant de te coucher...

▲ Alors, c'est enfin terminé cet exercice ?

Acte 1 - Scène 10
L'amoureux est dans son lit.

● Le réveil affiche une heure du matin et il joue encore à sa console portable.

★ Le réveil affiche 23 h 30 et il dort.

▲ Le réveil affiche trois heures du matin et il dit : "De toute façon, c'est impossible, je n'y arriverai jamais."

■ Le réveil affiche quatre heures du matin et il dit : "Et si je lui offrais des fleurs ? Peut-être que... "

Acte 2 - Scène 1
La nouvelle est en classe. Assise à côté de Jennifer, elle chuchote...

■ ... "Comment il s'appelle le benêt tout blond derrière moi ?"

● ... "Il est super beau le blond, là au fond... Il sort avec quelqu'un ?"

▲ ... "Tu as les résultats de l'exo de maths ?"

★ ... "Tu me prêtes ta gomme ?"

Acte 2 - Scène 3
Le prof de maths entre en classe. Il dit :

● "Interro surprise, sortez une feuille et vite."

▲ "J'ai des mauvaises nouvelles pour vous", en fixant l'amoureux.

■ "Ah ah ! Enfin du neuf ! Neuf fois quatre-vingt-dix-neuf ?" demande-t-il à la nouvelle, en rigolant de sa propre blague.

★ "Prenez le livre page 42."

Acte 2 - Scène 6
Dialogue à la cantine…

★ L'amoureux mange les carottes râpées, puis le rôti de dindonneau, laisse les haricots pleins de fils et passe directement au yaourt aromatisé citron.

▲ La nouvelle : "Oh là là, j'y comprends rien avec ce prof…"
Adeline, la première de la classe : "En fait, ce n'est pas très compliqué, il suffit d'écouter ce qu'il dit."

■ L'amoureux : "Ça te dirait d'aller voir *Le baigneur des canots 4* ?"
La nouvelle (d'un ton morne) : "Déjà vu."

● La nouvelle : "Ça te dirait d'aller voir *Love dans mon cœur*, avec Hugh Grant ?"
Le garçon (d'un ton morne) : "C'est qui ? C'est quoi ?"

Acte 2 - Scène 10
Le soir, l'amoureux et la nouvelle quittent l'école et font un bout de chemin ensemble.
Au moment de se quitter…

● Elle dit : "Quand est-ce qu'on peut se revoir ?"
Il répond : "Ben j'sais pas. Après le match ?"

▲ Elle dit : "Tu as les résultats de l'exo de maths, page 361 ?"
Il répond : "Ben non, j'allais te les demander."

■ Il dit : " Tu sais, tu es super belle… "
Elle répond : "Merci. Toi aussi tu sais."

★ Il dit : "Allez, ciao !"
Elle répond : "OK, salut !"

Acte 3 - Scène 1
Le téléphone sonne. L'un des comédiens vous demande de décrocher (sur scène)… Vous répondez, c'est…

▲ Votre père, le professeur de mathématiques en fait. Il sera en retard suite à un conseil de classe.

■ L'amoureux. Il a besoin de vos conseils, il ne sait pas quoi faire.

● La nouvelle. Elle a besoin de vos conseils, elle ne sait pas quoi faire.

★ Une erreur de numéro.

Acte 3 - Scène 4
On vous demande (vous êtes toujours sur scène) le résultat de : $a^2 + b^2$. Vous répondez…

■ Allez, je sais très bien ce que tu veux, va droit au but ! Elle te plaît ? Alors attaque !

▲ Allez, demande-moi ce que tu veux, mais pas ça !

★ En fait tu te trompes ! Tu veux dire $(a + b)^2$! Ça fait : $a^2 + b^2$

● Tu veux vraiment mon avis ? Laisse tomber, c'est un crétin.

Acte 3 - Scène 24,5
Comment se termine la pièce ?

▲ Le professeur de mathématiques, lassé par l'amoureux, lui envoie une gifle.

★ Vous allez acheter un pain pour le dîner, chez le boulanger.

■ La nouvelle, lassée par l'amoureux, lui envoie une beigne.

● L'amoureux, lassé par la nouvelle et le prof de maths, distribue des baffes à tout le monde.

Les dernières répliques de la dernière scène du dernier acte. Faites le compte de vos ☆ ○ ■ ▼ pour savoir comment se termine la pièce...

▼ Avec une majorité de

L'amoureux, (60 ans plus tard) : il est à genoux au milieu de papiers remplis de calculs mathématiques, le regard complètement exalté... "Dire que tout était dans ce $a^2 + b^2$! Si j'avais su... tout était là. Si j'avais été un peu meilleur en maths au collège, j'aurais gagné tellement de temps ! Cinquante ans, dire qu'il m'aura fallu cinquante ans pour trouver la formule de l'immortalité..."

Il se relève, l'air menaçant, le poing tendu vers le public ! "Ah ah, je suis immortel maintenant ! Plus rien ne m'arrêtera ! Le monde et l'avenir du monde sont à moi ! Tremblez mortels, je suis devenu... DIEU !"
Coup de tonnerre, les éclairages deviennent rouges. Le rideau tombe. Applaudissements.

■ Avec une majorité de

- L'amoureux : " Tous les zéros en maths de la Terre ne m'empêcheront pas de t'aimer..."
- La nouvelle : "Certes mais en français et en géo, tu te débrouilles mal également... Tes notes sont..."
- L'amoureux : "Ah Ciel ! Pourquoi faut-il que tu ramènes tout à une question de notes. Je te parle d'amour, là... Irais-tu jusqu'à me noter ?"
- La nouvelle : "Tu n'obtiendrais guère plus qu'un 5 ou 6, pas plus."
- L'amoureux : "Alors enseigne-moi. J'apprendrai !"
- La nouvelle : "Je dois te laisser. Pierre est arrivé et il m'emmène au ciné."
Elle sort. Il se met à genoux en sanglotant
Le rideau tombe accompagné du Requiem de Mozart.
Applaudissements.

○ Avec une majorité de

- La nouvelle : "Ah, je t'aime." (Ils s'embrassent)
- L'amoureux : "M'mploi miiimplaussi immp'je t'aime..."
- La nouvelle : "Oh ! Regarde l'heure ! On va rater le coup d'envoi !"
- L'amoureux : "Grouille ! On prend ton scoot !"

Le prof de maths (il les observe caché dans un coin de la scène et s'adresse au public) : "Qu'ils sont beaux ! Et dire que j'allais lui mettre un 0. Non, je ne peux gâcher un tel bonheur. Cette fois, je lui mets un 20 !"
Le rideau tombe sur l'air "ce soir, on vous met le feu" de l'AM. Applaudissements.

☆ Avec une majorité de

Vous n'entendez pas ces dernières répliques. Vous vous réveillez au moment où le rideau tombe et où les gens applaudissent. En rentrant chez vous, vous essayez de vous souvenir de la pièce. Mais tout ce dont vous vous souvenez, c'est de votre portable qui s'est mis à sonner au deuxième acte, au moment où la mère du prof de maths meurt. Vous vous êtes attiré les remarques hostiles de vos voisins et même d'un comédien. Au troisième acte, vous vouliez quitter la salle, mais vous êtes endormi.

Faites découvrir Je Bouquine
à un(e) ami(e)...

10-15 ans

je**BOUQUINE**

MARS 2008 N° 257

Un roman
de Marie-Aude Murail
Le gène
zinzin

BD :
L'enfant
Jules Vallès

...et recevez
EN CADEAU
les deux
premiers tomes
de la trilogie
de Pullman

10-15 ans

je**BOUQUINE**

MARS 2008 N° 257

Un roman de Serge Joncour
À pleins
tubes

Les écrivains du collège
L'auberge de la Jamaïque,
de Daphné du Maurier

Bayard
JEUNESSE

Pour
votre ami(e)

EN CADEAU
**ce sac besace
très branché**

Oui, je m'abonne à JE BOUQUINE
☐ **1 an** • 12 n⁰ˢ • **64,80 €**
au lieu de 70,80 €*, soit un numéro gratuit.
Je reçois en cadeau un superbe sac besace

Je choisis de régler par :
☐ chèque en euros à l'ordre de Bayard   ☐ carte bancaire (CB, ECMC, VISA)

n° ⌑⌑⌑⌑ ⌑⌑⌑⌑ ⌑⌑⌑⌑ ⌑⌑⌑⌑
Expire le ⌑⌑ ⌑⌑
Signature obligatoire :

NOM		SEXE **F M**
PRÉNOM		DATE DE NAISSANCE
NUMÉRO	RUE/AV./BD./LIEU-DIT	
COMPLÉMENT D'ADRESSE (ESC., BÂT.)		CODE POSTAL **99282**
COMMUNE		CODE OFFRE

Pour
vous

À compléter et à retour
accompagné de votre règlement
Bayard Jeunesse • TSA 104
59063 Roubaix cede

FOLIO JUNIOR

Philip Pullman
**LES ROYAUMES
DU NORD**
À LA CROISÉE DES MONDES/1

Philip Pullman
LA TOUR DES ANGES
À LA CROISÉE DES MONDES /II

EN CADEAU
**les 2 premie
tomes de
la trilogie
de Pullman**

Prix public :
13 € par tome

Pour les recevoir, il vous suffit d'indiquer vos coordonnée

NOM		SEXE **F**
PRÉNOM		DATE DE NAISSANCE
NUMÉRO	RUE/AV./BD./LIEU-DIT	
COMPLÉMENT D'ADRESSE (ESC., BÂT.)		CODE POSTAL
COMMUNE		**2TOMPU**

Marion

Charles

Girardon
contre Girardon [1]

de Fanny Joly, illustré par Catel
mis en couleurs par Audré Jardel

*Il y a des dimanches
qu'on pourrait
zapper !*

Le dimanche est levé depuis longtemps sur Issy-les-Moulineaux quand je tire les rideaux de ma chambre. Quelques timides rayons de soleil me chatouillent le nez. Serait-ce l'esquisse des prémisses d'un avant-goût de printemps ? On peut rêver... Le mois de mars est déjà là, après tout. J'ouvre ma fenêtre, histoire de voir, ou plutôt d'écouter si des oiseaux confirmeraient de leurs joyeux gazouillis cette première impression printanière. CROUIIIII...

L'unique "gazouillis" qui parvient à mes oreilles est un crissement de pneus sur les graviers (tiens, papa s'en va ?), suivi d'un coup de frein nerveux (ah non, il ne s'en va pas). La berline familiale s'arrête en plein milieu de l'allée et mon géniteur en sort, claquant la portière avec nervosité.

– Christine !

Quelque chose dans ses sourcils hérissés me dit que j'ai

tout intérêt à me faire discrète, pelotonnée dans les replis de mes rideaux.

– Christiiine, viens voir s'il te plaît !

Silence assourdissant.

– Christiiiiiiiiine ! Il y a un problème avec la voituuuuure !

Ma mère apparaît sur le perron, en peignoir, l'air grognon.

– Hein ?

– C'est quoi cette éraflure sur l'aile arrière ? éructe mon père, accusateur.

– Comment veux-tu que je le sache, Bernard ?

– Tu es la seule à t'être servie de la voiture cette semaine, or la semaine dernière ça n'y était pas ! Viens voir un peu les dégâts de près, à la lumière.

Maman soupire. Elle me fait penser à une petite fille que l'on appellerait pour faire ses devoirs de vacances et qui n'aurait aucune envie de bouger.

– Je suis en robe de chambre, avance-t-elle en reculant de trois pas.

– Et alors ? Personne ne nous regarde ! (Si, moi, mais ils ne m'ont pas repérée...)

– Ce n'est pas urgent à la minute, quand même..., argumente ma génitrice d'un ton gémissant.

– Je t'en prie ! trépigne mon père. *Quand les enfants te font ce genre de réponse, tu es la première à râler, alors viens !*

Maman condescend à approcher du lieu du délit (à tout petits pas) en observant :

– De toute façon, une égratignure ça n'empêche pas une voiture de rouler !

– Moi, ça m'empêche de rouler,

figure-toi ! Cette voiture est neuve ! fulmine mon père
(faux : il l'a achetée d'occasion mais vu l'ambiance, je me
garde bien de rectifier...) Une voiture qu'on va payer
pendant 5 ans ! 60 mensualités, ça te dit quelque chose ?

Moi qui croyais le printemps arrivé... La météo semble
plutôt à l'orage. Ce genre d'incident climatique survient de
temps en temps au 25 rue des acacias, (c'est à dire chez
moi), comme ailleurs, je suppose. Il suffit généralement
d'une note de téléphone un peu salée, d'une chambre mal
rangée, d'une permission accordée par papa alors que
maman l'aurait refusée, ou l'inverse... Il faut s'y faire.
L'essentiel est de ne pas rester bêtement sous la foudre
et les coups de tonnerre.

Se couvrir, se mettre à l'abri, attendre que ça passe...

Mais ce matin, je me sens
pareille à ces badauds qui
restent scotchés le long
des routes quand il y a
un accident, à la fois
horrifiés et fascinés.
J'ai envie de savoir la
suite. D'autant que,
pour une fois, je ne
suis pas concernée.
*Spectatrice et
rien d'autre.*
Quel confort !
Qui a raison ?
Qui a tort ?
J'observe
mes parents
comme des
acteurs.
Comment

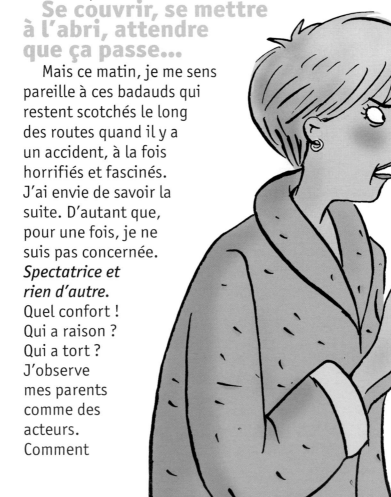

vont-ils s'en sortir ? Pour l'instant, ils s'enlisent. Après avoir prétendu ne voir aucune éraflure (sacré culot, moi je la vois du premier étage, l'éraflure en question !), maman esquisse un mouvement de repli vers la maison :
– Je ne sais pas pourquoi je discute avec toi comme si j'étais fautive, Bernard ! Il paraît qu'il y a des jeunes qui s'amusent à rayer les voitures garées dans les rues, avec des clés, des ciseaux. C'est arrivé à Patricia, au bureau...

Tu eux Rire ?!?

– Ah ah ! Les jeunes ont bon dos ! ricane papa.
Maman le toise, l'air méprisant :
– Tu sais à quoi tu me fais penser ?
À un macho de base, le genre de type qui s'identifie totalement à sa bagnole : quand on touche la carrosserie, on dirait qu'on te touche toi, c'est grotesque !
Réaction immédiate.
Mon père met le turbo, voix vrombissante et naseaux fumants :
– Parce que toi, madame la pseudo intellectuelle, tu es au-dessus de ça, bien entendu !
– Le matériel est à notre service, pas l'inverse ! rugit maman.
Mon cœur s'accélère.
Je les ai rarement vus s'énerver comme ça. Ils ne vont pas se battre,

quand même ? Maman qui s'inquiétait d'être vue en robe de chambre il y a seulement dix minutes, semble se moquer du monde entier, à présent. Les joues enflammées, les cheveux en bataille, elle ne contrôle plus sa colère ni la force de sa voix. D'ailleurs, ça ne loupe pas : de l'autre côté de la rue, les rideaux de Tremoul, la "voisine espionne", se soulèvent, sa fenêtre s'entrebâille. *Sûr que la vieille pie n'en perd pas une miette.* Je voudrais dire à mes parents de se calmer, de se taire, de rentrer, mais il est trop tard pour signaler ma présence. J'ai l'impression d'être devant un moteur emballé.
– Toi et ton soi-disant mépris du matériel, tu parles ! s'époumone papa. Quand je pense que tu as jeté le moulin à café de ma grand-mère simplement parce qu'il était cassé !
– Et alors ? C'est une raison suffisante, il me semble ! *Un moulin à café cassé, moi j'appelle ça un déchet ! Et les déchets, jusqu'à nouvel ordre, on les met à la poubelle ! Ça ne te suffit pas de t'identifier à ta bagnole,* **tu vas réincarner ta grand-mère en moulin à café, maintenant ?**

– Je t'interdis de parler de ma grand-mère sur ce ton ! hurle papa, blême de rage. C'était la plus merveilleuse des femmes et...
– Ben voyons..., continue maman, des étincelles dans les yeux. Tu n'as pas toujours dit ça...
– Quelle horreur ! Retire cette phrase tout de suite ! J'exige des excuses.
– Relououououou !
Je sursaute. Qui parle dans mon dos ? Mon frère vient de pousser la porte de ma chambre. La mine aussi chiffonnée que son pyjama, il titube jusqu'à mon lit et s'y s'écroule, tel un blaireau sortant de son trou après des mois d'hibernation.
– Pffffff ! On peut même pas rou-piller tranquille dans cette maison !

122

Si je voulais envenimer l'affaire, je ferais allusion au nombre incalculable de soirs et de matins où MONSIEUR MON FRÈRE m'empêche de dormir à coups de ballon de basket ou autres solos de saxophone, mais les éclats de voix en provenance du jardin me retiennent : un seul conflit à la fois...

– *Obsessionnel !* (maman)

– **Je-m'en-foutiste !** (papa)

– Pauvre maniaque (maman)

– Espèce d'inconsciente ! (papa)

– Et si on parlait un peu de ton oncle Amédée ? Combien il en a bousillé de bagnoles, lui, dans sa carrière ? C'est de famille ! (papa)

– Tu sais ce qu'il te dit mon oncle Amédée ? (maman)

C'en est trop. Je ferme la fenêtre et je viens me réfugier à côté de Charles.

– J'aime pas quand ils se disputent comme ça...

– Quand je pense qu'ils nous reprochent sans arrêt de nous friter pour des bêtises !

– *À côté d'eux, on est des débutants !*

(Il faut l'avouer : Charles et moi passons rarement une journée sans nous écharper, et même en général bien plus d'une fois par jour, mais bon...)

— *Ils ne peuvent pas régler leurs histoires sans pourrir la vie de toute la maison,* **non** ?

— De tout le quartier tu veux dire : Tremoul est aux premières loges !

— Bonjour la réputation !

— T'as raison, Léon !

Mon frère me sourit comme si j'étais presque drôle avec ma rime à deux balles. *Je n'en reviens pas...*

— Nous faut qu'on ait les cheveux propres et des godasses cirées mais eux ils s'injurient comme des charretiers en plein milieu du jardin, c'est le monde à l'envers ce truc, pas vrai sœurette ? continue-t-il en me tapant dans le dos.

Un instant, j'ai la sensation qu'on pourrait s'entendre comme sœur et frère en foire, lui et moi. C'est grisant.

Un instant seulement...

— Ceci dit, on les a pas !

— Quoi donc ?

— Ben les cheveux propres et les godasses cirées, surtout toi !

Je pouffe en désignant sa tignasse et ses immenses pantoufles crasseuses (pointure 45 fillette)...

Aïe ! J'ai lâché le mot de trop. Le sourire de mon frère se casse en morceaux.

— *Hé mollo, la moucheronne,* tu t'es regardée ?

Finie l'éclaircie. Quand le mot "moucheronne" sort de la bouche de Charles, je ne réponds plus de rien...

Mais l'escadron d'insultes par lequel je m'apprête à riposter reste cloué au sol. Sous nos pieds, au rez-de-chaussée, la porte d'entrée vient de claquer. Des pas martèlent l'escalier, suivis de vociférations qui font vibrer les cloisons. On ne comprend pas tous les mots mais c'est clair : l'orage se rapproche, il est à notre porte, dans la chambre des parents...

– **... Marre !**

– *... Pas une vie !*

– **... Par dessus la tête !**

– **... Moi aussi !**

On se regarde, refroidis. L'heure n'est plus aux "moucheronneries"... Big barouf sur le palier. *À croire qu'un troupeau d'éléphants a choisi l'endroit comme piste de danse.*

Je colle mon œil à la serrure. Maman, juchée sur l'escabeau, en survêtement de combat, foulard noué à la pirate, est en train de retourner le placard à bagages.

– Qu'est ce qu'ils font ? me demande mon frère en me tirant par la manche.

– Attends...

BRAOUUUUMMMM.

La valise rouge à roulettes vient de faire un vol plané. Un miracle qu'elle ne soit pas passée à travers le plancher. Charles me pousse pour prendre ma place. 1m 87 contre 1m 51, j'ai beau résister de toutes mes petites forces, la lutte est inégale. Dans les minutes qui suivent, c'est lui qui a l'œil sur l'image. Je dois me contenter de la bande-son :

– *Quand je pense à tous les sujets passionnants qu'on pourrait aborder... Je ne sais pas moi... L'Art... La Philosophie... La Nature...,* hulule la voix de maman.

– *Et la Culture !* grince celle de papa. **Ta sacro-sainte Cuuuultuuuure ! Tu l'oublies ? Le Gothique Flamboyant !** Léonard de Vinci ! Les vitraux Renaissance ! C'est tellement passionnant tout ça, n'est-ce pas ?

BLIIING... SCHLAFFF... BADABOUM... TZIOUOU...

Bruits bizarres... Chute d'objets...

– *Ce n'est pas de ma faute si tu préfères les É-RA-FLURES !* (voix de maman).

À mon tour de tirer mon frère par la manche :

– Laisse-moi regarder, c'est **MA** porte quand même !

Avant que j'aie besoin de tirer plus fort, il se relève, l'air soudain paniqué.

– *De quoi elle parle, au fait, c'est quoi cette histoire d'éraflure ?*

– Il y a une éraflure sur la voiture... C'est à cause de ça que la dispute a commencé..., je lâche en me dépêchant de re-coller mon œil à la serrure.

– *Où ça, à quel endroit sur la voiture ?* insiste Charles.

– À l'arrière...

Ce que j'aperçois ressemble à une mauvaise scène de télé-film. Chemisiers, chaussures, pantalons : maman est en train de vider ses tiroirs et de bourrer la valise rouge avec tout ce qui lui tombe sous la main. Le hic c'est que ce téléfilm se passe chez moi. ***Et la furie qui lance ses répliques et ses soutiens-gorges comme des flèches,*** c'est ma maman...

– Arrière gauche ou arrière droite ? me glisse Charles à l'oreille.

Qu'est-ce qui lui prend ? Il devient maniaque de la carrosserie, lui aussi ? Je le dévisage, histoire de voir s'il blague. Visiblement pas. Il se ronge les ongles, au contraire...

– Arrière gauche, il me semble, pourquoi ?

– *C'est que... hier...*, murmure-t-il, *je cherchais l'embout du*

gonfleur de la pompe à vélo dans le garage et je me suis pris les pieds dans la remorque qui est tombée sur la tondeuse qui a dégringolé sur ...

– ...la voiture ?

Mon GRAND frère hoche la tête comme un tout petit garçon pris en faute.

– Et ça a fait une éraflure ?
– Ben... Ouais... Une big, même !

– Sur l'aile arrière gauche ?

– *Exact...*

– Faut le dire aux parents !

– *T'es malade ! Ils vont me tuer...*

J'ai déjà la main sur la poignée de la porte.

– Attends, je vais leur dire, moi, si t'oses pas...

La main de mon frère s'abat sur la mienne ! En un clin d'œil, il me ceinture et me musèle avec ces mots sans appel :

– Tu la boucles ! C'est moi qui ai fait la boulette, c'est moi qui jugerai du moment opportun pour en parler !

– *Qummptel djégkonptflé... C'kpgrté ltpamenbdtabkle !*

(Sans bâillon, ça donne à peu près : "Quel dégonflé ! C'est lamentable")

Tandis que mon frère et moi, nous nous affrontons (presque) sans bruit, de l'autre côté de la porte, la scène de ménage de nos parents tourne à la cata...

mais... allons... enfin...

Christine !

– Puisque c'est comme ça, je m'en vais ! hurle maman. La pseudo-intellectuelle dégage le plancher ! Tu vas pouvoir piloter ta vie comme un bolide, **monsieur le Champion du Monde de Formule 1 !**

La voix de papa semble soudain moins assurée :
– *Calme-toi, Christine, voyons... Ne... ne t'énerve pas !*
– Ne m'énerve pas, tu veux dire ! Trop tard !
Ma patience a des limites...

Pas précipités dans l'escalier. Sans me lâcher, mon frère entrouvre la porte et "on" s'avance au-dessus de la rampe. J'ai le temps d'apercevoir maman traînant sa valise dans le hall d'entrée. Papa la suit, les bras ballants.

– *Tu... Tu... Tu ne vas pas partir euh... pour de vrai, Christine ?*
– **Qu'est-ce que je suis en train de faire, à ton avis ?**
– Mais... Mais...
Et les enfants ?
– Je leur expliquerai !
Ils comprendront, eux !
– *C'est de la folie... C'est...*
C'est...
– Ne t'en fais pas, Bernard, tu gardes l'essentiel, **ta belle TUTURE !** Aucun danger pour ta carrosserie : je vais prendre un taxi ! clame notre mère dans une ultime envolée.

BLANG... La porte d'entrée se referme sans ménagement.

CROUIIII... Les graviers crissent à nouveau, mais sous les roulettes de la valise rouge, cette fois.

[À suivre...]